Seneca

Epistulae morales ad Lucilium

Liber XV
Epistulae XCIII-XCV

Latein/Deutsch

Michael Weischede

Herstellung und Verlag:

BoD - Books on Demand, Norderstedt

ISBN 9783757886554

Bibliografische Information der Deutschen Nationalbibliothek

Die Deutsche Nationalbibliothek verzeichnet diese Publikation in der
Deutschen Nationalbibliografie; detaillierte bibliografische Daten sind im
Internet über http://dnb.dnb.de abrufbar.

Vorwort

Senecas Briefe an seinen Freund Lucilius gehören zu den wenigen Texten der lateinischen Literatur, die auch nach dem Zusammenbruch des Römischen Reiches nicht in Vergessenheit gerieten. Während die meisten Publikationen der Antike erst in der Renaissance „wiedergeboren" wurden, fanden die Epistulae morales ad Lucilium bis in unsere Zeit hinein durchgängig eine interessierte Leserschaft. Aus diesem Grund herrscht auch heute kein Mangel an Übersetzungen der Briefe. Es erschien mir deshalb wenig sinnvoll, eine weitere hinzuzufügen, ohne einen gesonderten Schwerpunkt zu setzen. Ich habe mich deshalb ganz bewusst für ein möglichst text- und wortgetreues Vorgehen entschieden und mich dabei weitestgehend an die Wortvorschläge der gängigen Lexika gehalten (Georges, PONS, Stowasser, Langenscheidt usw.). Vor allem Schülern sollte es auf diese Weise leichter fallen, die Übersetzung aus dem Lateinischen nachzuvollziehen und bei Bedarf mit ihren eigenen Bemühungen zu vergleichen.

Der lateinische Textteil stammt aus verschiedenen Internetquellen, wobei das Augenmerk auf der Gemeinfreiheit lag. Er ist also nicht editiert, und ich habe mir zudem erlaubt, ihn hier und da an meine stilistischen Vorlieben anzupassen. Für ein ernsthaftes wissenschaftliches Arbeiten ist er folglich nicht geeignet.

Soweit mir meine Motivation für dieses Projekt nicht abhanden kommt, werde ich nach und nach alle 20 Bücher mit den Briefen an Lucilius übersetzen und veröffentlichen. Bei meiner eher gemächlichen Arbeitsweise kann das allerdings einige Zeit dauern ...

Dortmund im September 2023

Liber XV – Epistula XCIII

Seneca Lucilio suo Salutem,

(1) In epistula qua de morte Metronactis philosophi querebaris, tamquam et potuisset diutius vivere et debuisset, aequitatem tuam desideravi, quae tibi in omni persona, in omni negotio superest, in una re deest, in qua omnibus: multos inveni aequos adversus homines, adversus deos neminem. Obiurgamus cotidie fatum: 'Quare ille in medio cursu raptus est? Quare ille non rapitur? Quare senectutem et sibi et aliis gravem extendit?'

(2) Utrum, obsecro te, aequius iudicas, te naturae an tibi parere naturam? Quid autem interest quam cito exeas unde utique exeundum est? Non ut diu vivamus curandum est, sed ut satis; nam ut diu vivas fato opus est, ut satis, animo. Longa est vita si plena est; impletur autem cum animus sibi bonum suum reddidit et ad se potestatem sui transtulit.

(3) Quid illum octoginta anni iuvant per inertiam exacti? Non vixit iste sed in vita moratus est, nec sero mortuus est, sed diu. 'Octoginta annis vixit.' Interest mortem eius ex quo die numeres.

Buch 15 – Brief 93

Seneca grüßt seinen Lucilius,

(1) In dem Brief, in dem du den Tod von Metronax beklagt hast, als ob er länger hätte leben können und sollen, habe ich deinen Sinn für Recht und Billigkeit vermisst, der dir in jeder sozialen Stellung, bei jeder Tätigkeit beisteht, der dir in dieser einen Angelegenheit [jedoch] fehlt, in der er allen fehlt: den Menschen gegenüber gerecht habe ich viele gefunden, den Göttern gegenüber niemanden. Tag für Tag hadern wir mit dem Schicksal: „Warum ist dieser mitten in seiner Lebensbahn dahingerafft worden? Warum wird jener nicht dahingerafft? Warum zieht er das Greisenalter, beschwerlich sowohl für sich als auch für andere, [so sehr] in die Länge?"

(2) Ich bitte dich, welches der beiden hältst du für angemessener, dass du der Natur oder dir die Natur dient? Warum sollte es aber wichtig sein, wie schnell du verlässt, was so oder so verlassen werden muss? Nicht dass wir lange leben, muss unsere Sorge sein, sondern dass wir zur Genüge leben; denn um lange zu leben, ist [eine günstige] Bestimmung erforderlich, um zur Genüge zu leben, [der rechte] Geist. Lang ist das Leben, wenn es erfüllt ist; es wird erfüllt, wenn sich der Geist das ihm eigene Gut herausgegeben und dessen Stärke auf sich selbst übertragen hat.

(3) Was erfreuen ihn seine achtzig in Untätigkeit verbrachten Lebensjahre? Ein solcher hat nicht gelebt, sondern im Leben sich aufgehalten, und er ist nicht spät gestorben, sondern lange. „Er hat achtzig Jahre gelebt." Wichtig ist, von welchem Tag an du seinen Tod rechnest.

(4) 'At ille obiit viridis.' Sed officia boni civis, boni amici, boni filii executus est; in nulla parte cessavit; licet aetas eius inperfecta sit, vita perfecta est. 'Octoginta annis vixit.' Immo octoginta annis fuit, nisi forte sic vixisse eum dicis quomodo dicuntur arbores vivere. Obsecro te, Lucili, hoc agamus ut quemadmodum pretiosa rerum sic vita nostra non multum pateat sed multum pendeat; actu illam metiamur, non tempore. Vis scire quid inter hunc intersit vegetum contemptoremque fortunae functum omnibus vitae humanae stipendiis atque in summum bonum eius evectum et illum cui multi anni transmissi sunt? Alter post mortem quoque est, alter ante mortem perit.

(5) Laudemus itaque et in numero felicium reponamus eum cui quantulumcumque temporis contigit bene conlocatum est. Vidit enim veram lucem; non fuit unus e multis; et vixit et viguit. Aliquando sereno usus est, aliquando, ut solet, validi sideris fulgor per nubila emicuit. Quid quaeris quamdiu vixerit? Vivit: ad posteros usque transiluit et se in memoriam dedit.

(6) Nec ideo mihi plures annos accedere recusaverim; nihil tamen mihi ad beatam vitam defuisse dicam si spatium eius inciditur; non enim ad eum diem me aptavi quem ultimum mihi spes avida promiserat, sed nullum non tamquam ultimum aspexi. Quid me interrogas quando natus sim, an inter iuniores adhuc censear? Habeo meum.

(4) „Doch jener ist jung gestorben." Aber er hielt sich an die Pflichten eines guten Bürgers, eines guten Freundes, eines guten Sohnes; er hat es in keiner Hinsicht fehlen lassen; mag seine Lebensdauer auch unvollendet gewesen sein, sein Leben ist vollendet. „Achtzig Jahre hat er gelebt." Keineswegs, er hat achtzig Jahre existiert, außer du behauptest vielleicht, dass er auf eine Weise gelebt hätte, so wie man sagt, dass Bäume leben. Ich bitte dich, Lucilius, wir sollten darauf hinarbeiten, dass unser Leben, ebenso wie Kostbarkeiten, nicht viel Platz einnimmt, sondern viel wiegt. Lass es uns nach dem Tun bemessen, nicht nach der Zeit. Du willst wissen, worin der Unterschied besteht zwischen diesem, der, gerüstet und das Schicksal verachtend, alle Feldzüge des menschlichen Lebens überstanden hat und zu dessen höchstem Gut emporgestiegen ist, und jenem, dem viele Lebensjahre überlassen worden sind? Der eine ist auch nach seinem Tod gegenwärtig, der andere vor seinem Tod dahin geschwunden.

(5) Lasst uns daher denjenigen loben und zu denen vom Glück Begünstigten zählen, der, so wenig an Zeit ihm auch zuteil wurde, sie gut angelegt hat; ihm ist nämlich wahre Erleuchtung teilhaftig geworden; er war nicht einer von vielen; er hat gelebt und er war auch tätig. Zuweilen hat er den heiteren Himmel genossen, zuweilen, wie es gewöhnlich so ist, leuchtete [nur] ein Schimmer des mächtigen Gestirns durch die Wolken auf. Was fragst du, wie lange er gelebt hat? Er lebt: fortwährend ist er zur Nachwelt übergetreten und hat sich in die [allgemeinen] Erinnerung begeben.

(6) Ich würde es aber deshalb nicht ablehnen, dass mir weitere Jahre zufallen; doch möchte ich behaupten, dass mir nichts zu einem glücklichen Leben fehlen würde, wenn seine Zeitdauer beschnitten wird; denn ich habe mich nicht für den Tag gerüstet, den mir eine unmäßige Hoffnung als den letzten in Aussicht gestellt hat, sondern ich habe jeden [einzelnen] als den letzten angesehen. Was fragst du mich, wann ich geboren bin, ob ich noch zu den Jüngeren gezählt werde? Das mir Eigene habe ich im Besitz.

(7) Quemadmodum in minore corporis habitu potest homo esse perfectus, sic et in minore temporis modo potest vita esse perfecta. Aetas inter externa est. Quamdiu sim alienum est: quamdiu ero, <vere> ut sim, meum est. Hoc a me exige, ne velut per tenebras aevum ignobile emetiar, ut agam vitam, non ut praetervehar.

(8) Quaeris quod sit amplissimum vitae spatium? Usque ad sapientiam vivere; qui ad illam pervenit attigit non longissimum finem, sed maximum. Ille vero glorietur audacter et dis agat gratias interque eos sibi, et rerum naturae inputet quod fuit. Merito enim inputabit: meliorem illi vitam reddidit quam accepit. Exemplar boni viri posuit, qualis quantusque esset ostendit; si quid adiecisset, fuisset simile praeterito.

(9) Et tamen quousque vivimus? Omnium rerum cognitione fruiti sumus: scimus a quibus principiis natura se attollat, quemadmodum ordinet mundum, per quas annum vices revocet, quemadmodum omnia quae usquam erunt cluserit et se ipsam finem sui fecerit; scimus sidera impetu suo vadere, praeter terram nihil stare, cetera continua velocitate decurrere; scimus quemadmodum solem luna praetereat, quare tardior velociorem post se relinquat, quomodo lumen accipiat aut perdat, quae causa inducat noctem, quae reducat diem. illuc eundum est ubi ista propius aspicias.

(7) Wie sich in einem kleineren Körper ein vollkommener Mensch befinden kann, so kann auch das Leben trotz einer kürzeren Zeitdauer vollendet sein. Die Lebenszeit beruht auf äußeren Dingen. Wie lange ich lebe, liegt nicht an mir: dass ich, solange wie ich existieren werde, wahrhaftig lebe, das liegt an mir. Ein dieses verlange von mir: dass ich nicht gleichsam eine ruhmlose Zeit in Dunkelheit durchwandere, dass ich ein Leben führe, nicht dass ich [an ihm] vorbeitreibe.

(8) Du fragst, was eine sehr ansehnliche Lebensdauer ist? Bis zur Weisheit zu leben; wer zu ihr hingelangt ist, hat nicht das weit entfernteste, sondern das höchste Ziel erreicht. Jener darf wahrhaftig furchtlos sich rühmen und er sollte den Göttern danken und inmitten derer sich selbst, und der Natur zurechnen, dass er existiert hat. Denn er wird es ihr aus gutem Grund zurechnen: er hat ihr ein besseres Leben zurückgegeben, als er es empfangen hatte. Er hat das Vorbild eines tugendhaften Mannes abgegeben, hat gezeigt, von welcher Art und wie groß er war; hätte er etwas hinzugesetzt, es wäre dem Vorangegangenen gleich gewesen.

(9) Und dennoch: inwiefern leben wir? Wir haben uns an der Erkenntnis aller Dinge erfreut: wir wissen, aus welchen Bausteinen sich die Natur emporhebt, wie sie die Welt gehörig ordnet, im Verlauf welcher Zeitpunkte das Jahr sich erneuert, wie sie alle Dinge, die irgendwo sein werden, einschließt und sich deren Zweck selbst zu eigen macht; wir wissen, dass Himmelskörper aufgrund ihres Umschwungs [am Himmel] wandeln, dass abgesehen von der Erde nichts stillsteht, dass alles sonst mit beständiger Geschwindigkeit dahineilt; wir wissen, wie der Mond an der Sonne vorbeizieht, weshalb der Langsamere die Schnellere hinter sich zurücklässt, auf welche Weise er das Licht empfängt und [wieder] einbüßt, welche Ursache die Nacht aufziehen, welche den Tag wieder zurückkehren lässt: man muss dorthin gehen, von wo aus man diese Dinge aus der Nähe betrachten kann.

(10) 'Nec hac spe', inquit sapiens ille, 'fortius exeo, quod patere mihi ad deos meos iter iudico. Merui quidem admitti et iam inter illos fui animumque illo meum misi et ad me illi suum miserant. Sed tolli me de medio puta et post mortem nihil ex homine restare: aeque magnum animum habeo, etiam si nusquam transiturus excedo.'

(11) Non tam multis vixit annis quam potuit. Et paucorum versuum liber est et quidem laudandus atque utilis: annales Tanusii scis quam ponderosi sint et quid vocentur. Hoc est vita quorundam longa, et quod Tanusii sequitur annales.

(12) Numquid feliciorem iudicas eum qui summo die muneris quam eum qui medio occiditur? Numquid aliquem tam stulte cupidum esse vitae putas ut iugulari in spoliario quam in harena malit? Non maiore spatio alter alterum praecedimus. Mors per omnis it; qui occidit consequitur occisum. Minimum est de quo sollicitissime agitur. Quid autem ad rem pertinet quam diu vites quod evitare non possis? Vale.

———

(10) „Aber", sagt jener Weiser, „in dieser Erwartung gehe ich nicht tapferer hinfort, weil ich glaube, dass mir der Weg zu meinen Göttern offensteht. Ich habe es sicherlich verdient, eingelassen zu werden; auch habe ich bereits unter ihnen gelebt und meine Seele dorthin geschickt – und jene hatten das Ihre zu mir geschickt. Aber stell dir vor, dass man aus der Welt geschafft wird und nach dem Tode nichts von einem Menschen übrig bleibt: ich bewahre in gleicher Weise eine erhabene Einstellung, auch wenn ich scheide und danach nirgends hin übergehen werde."

(11) Er (Metronax) hat nicht so viele Jahre gelebt, wie er gekonnt hätte. Auch kann ein Buch aus wenigen Zeilen bestehen und unstreitig anerkennenswert und nützlich sein: du weißt, wie gewichtig die Annalen des Tanusius sind und wie sie genannt werden. So ist es mit dem langen Leben etlicher, und zwar [deshalb], weil es sich an die Annalen des Tanusius hält.

(12) Hältst du etwa den, der am letzten Tag der Gladiatorenspiele getötet wird, für glücklicher als den, der mittendrin getötet wird? Glaubst du etwa, irgendjemand sei dem Leben in einem Maße töricht ergeben, dass er lieber [aufgrund schwerer Verletzung] in der Umkleide getötet werden will als auf dem Kampfplatz? Nicht allzu groß ist der Zeitraum, den wir einander vorangehen. Über alle zieht der Tod hinweg; derjenige, der tötet, folgt dem Getöteten. Am Unwichtigsten ist das, was einen in größte Sorge versetzt. Welchen Sinn hat es aber, dass man allzu lange vermeidet, was nicht vermieden werden kann? Lebe wohl.

———

Liber XV – Epistula XCIV

Seneca Lucilio suo Salutem,

(1) Eam partem philosophiae quae dat propria cuique personae praecepta nec in universum componit hominem sed marito suadet quomodo se gerat adversus uxorem, patri quomodo educet liberos, domino quomodo servos regat, quidam solam receperunt, ceteras quasi extra utilitatem nostram vagantis reliquerunt, tamquam quis posset de parte suadere nisi qui summam prius totius vitae conplexus esset.

(2) Ariston Stoicus e contrario hanc partem levem existimat et quae non descendat in pectus usque, anilia habentem praecepta; plurimum ait proficere ipsa decreta philosophiae constitutionemque summi boni; 'quam qui bene intellexit ac didicit quid in quaque re faciendum sit sibi ipse praecipit.'

(3) Quemadmodum qui iaculari discit destinatum locum captat et manum format ad derigenda quae mittit, cum hanc vim ex disciplina et exercitatione percepit, quocumque vult illa utitur (didicit enim non hoc aut illud ferire sed quodcumque voluerit), sic qui se ad totam vitam instruxit non desiderat particulatim admoneri, doctus in totum, non enim quomodo cum uxore aut cum filio viveret sed quomodo bene viveret: in hoc est et quomodo cum uxore ac liberio vivat.

Buch 15 – Brief 94

Seneca grüßt seinen Lucilius,

(1) Nur diesen Teil der Philosophie, der Charakteristisches und jedem Individuum seine eigenen Regeln zuweist und den Menschen nicht im Allgemeinen formt, sondern dem Ehemann anrät, wie er sich gegenüber der Ehefrau verhalten, dem Vater, wie er die Kinder erziehen, dem Hausherrn, wie er die Sklaven anleiten soll, haben einige angenommen, die übrigen, gleichsam außerhalb unseres Interesses umherschweifend, weggelassen, als ob irgendeiner über ein Teilgebiet Rat geben könnte, wenn er nicht zuvor die Gesamtheit allen Lebens erfasst hat.

(2) Der Stoiker Ariston meint dagegen, dieser Teil sei unbedeutend und er dringe nicht bis in die Seele ein, weil er altmütterliche Ratschläge enthält; am meisten, sagt er, bewirkten allein die Grundsätze der Philosophie und die Bestimmung des höchsten Guts; „wer dieses erkannt und erforscht hat, lehrt sich selbst, was in jeder einzelnen Angelegenheit zu tun ist."

(3) Wie derjenige, der zu werfen lernt, eine bestimmte Stelle erfasst und die Hand anleitet, dahin zu zielen, wohin sie wirft, [und] wenn er diese Stärke durch Disziplin und Training erlangt hat, sich ihrer bedient, wohin auch immer er [werfen] will (er hat nämlich gelernt, nicht dieses oder jenes zu treffen, sondern das, was er wollte), so wünscht derjenige, der sich auf das ganze Leben vorbereitet hat, nicht stückweise belehrt zu werden, da er [bereits] im Ganzen unterwiesen wurde, auf jeden Fall nicht wie er mit der Ehefrau oder mit dem Sohn zu leben, sondern wie er ein sittlich gutes Leben zu führen hätte. Darin findet sich auch, auf welche Weise er zusammen mit der Ehefrau und den Kindern leben soll.

(4) Cleanthes utilem quidem iudicat et hanc partem, sed inbecillam nisi ab universo fluit, nisi decreta ipsa philosophiae et capita cognovit. In duas ergo quaestiones locus iste dividitur: utrum utilis an inutilis sit, et an solus virum bonum possit efficere, id est utrum supervacuus sit an omnis faciat supervacuos.

(5) Qui hanc partem videri volunt supervacuam hoc aiunt: si quid oculis oppositum moratur aciem, removendum est; illo quidem obiecto operam perdit qui praecipit: 'Sic ambulabis, illo manum porriges.' Eodem modo ubi aliqua res occaecat animum et ad officiorum dispiciendum ordinem inpedit, nihil agit qui praecipit: 'Sic vives cum patre, sic cum uxore.' Nihil enim proficient praecepta quamdiu menti error offusus est: si ille discutitur, apparebit quid cuique debeatur officio. Alioqui doces illum quid sano faciendum sit, non efficis sanum.

(6) Pauperi ut agat divitem monstras: hoc quomodo manente paupertate fieri potest? Ostendis esurienti quid tamquam satur faciat: fixam potius medullis famem detrahe. Idem tibi de omnibus vitiis dico: ipsa removenda sunt, non praecipiendum quod fieri illis manentibus non potest. Nisi opiniones falsas quibus laboramus expuleris, nec avarus quomodo pecunia utendum sit exaudiet nec timidus quomodo periculosa contemnat.

(4) Kleanthes hält zwar auch diesen Teilbereich für brauchbar, aber für nutzlos, wenn er nicht vom Ganzen ausgeht, wenn er die Prinzipien und Hauptpunkte der Philosophie selbst nicht anerkannt hat. Dieses Thema teilt sich also in zwei Fragenbereiche auf: ob es nützlich oder nutzlos ist und ob es allein einen tugendhaften Mann hervorbringen kann, das heißt, ob es überflüssig ist oder ob es alle [anderen] überflüssig macht.

(5) Diejenigen, die dieses Teilgebiet als überflüssig erscheinen lassen wollen, sagen Folgendes: wenn etwas vor die Augen gehalten und dadurch der Blick gefesselt wird, muss man es entfernen; solange dadurch [der Blick] verstellt ist, vergeudet seine Mühe, wer vorschreibt: „So wirst du gehen, dorthin die Hand ausstrecken." Wenn irgendeine Sache den Geist verdunkelt und ihn davon abhält, die Ordnung der pflichtgemäßen Handlungen zu erkennen, setzt in gleicher Weise nichts in Bewegung, wer vorschreibt: „so wirst du mit dem Vater, so mit der Mutter leben." Denn Anweisungen werden nichts ausrichten, solange der Irrtum sich im Geiste verbreitet: wenn man diesen abschüttelt, wird offenkundig werden, was jeder Pflicht geschuldet ist. Andernfalls lehrst du ihn, was von einem vernünftigen [Menschen] getan werden muss, bringst aber keinen vernünftigen [Menschen] hervor.

(6) Du verordnest dem Armen, dass er einen Reichen spielt: wie kann das zuwege gebracht werden, wenn die Armut andauert? Einem Hungernden erklärst du, was er tun soll, als ob er satt wäre: befreie ihn lieber vom Hunger, der ihn bis ins Mark getroffen hat. Dasselbe sage ich dir hinsichtlich der ganzen Verfehlungen: sie selbst muss man abwenden, [und] nicht etwas vorschreiben, was von jenen, die in ihnen verharren, nicht geleistet werden kann. Wenn man die falschen Vorstellungen, unter denen wir leiden, nicht abschüttelt, wird weder der Geizhals darauf hören, wie er sein Geld verwenden sollte, noch der Furchtsame, wie er gefährliche [Situationen] gleichgültig hinnehmen kann.

(7) Efficias oportet ut sciat pecuniam nec bonum nec malum esse; ostendas illi miserrimos divites; efficias ut quidquid publice expavimus sciat non esse tam timendum quam fama circumfert, nec <diu> dolere quemquam nec mori saepe: in morte, quam pati lex est, magnum esse solacium quod ad neminem redit; in dolore pro remedio futuram obstinationem animi, qui levius sibi facit quidquid contumaciter passus est; optimam doloris esse naturam, quod non potest nec qui extenditur magnus esse nec qui est magnus extendi; omnia fortiter excipienda quae nobis mundi necessitas imperat.

(8) His decretis cum illum in conspectum suae condicionis adduxeris et cognoverit beatam esse vitam non quae secundum voluptatem est sed secundum naturam, cum virtutem unicum bonum hominis adamaverit, turpitudinem solum malum fugerit, reliqua omnia – divitias, honores, bonam valetudinem, vires, imperia – scierit esse mediam partem nec bonis adnumerandam nec malis, monitorem non desiderabit ad singula qui dicat: 'Sic incede, sic cena; hoc viro, hoc feminae, hoc marito, hoc caelibi convenit.'

(9) Ista enim qui diligentissimo monent ipsi facere non possunt; haec paedagogus puero, haec avia nepoti praecipit, et irascendum non esse magister iracundissimus disputat. Si ludum litterarium intraveris, scies ista quae ingenti supercilio philosophi iactant in puerili esse praescripto.

(7) Man muss erreichen, dass er versteht, dass Vermögen weder ein Gut noch ein Übel ist; du könntest ihm die unglücklichsten Reichen zeigen; du könntest erreichen, dass er versteht, dass was auch immer uns gewöhnlich entsetzt, nicht so gefürchtet werden muss, wie das es Gerücht verbreitet, dass weder irgendjemand lange leidet noch irgendjemand mehrmals stirbt: im Tod, den zu erleiden Gesetz ist, liegt großer Trost, weil er zu niemandem ein zweites Mal kommt; im Schmerz wird sich wie ein Heilmittel eine Beharrlichkeit des Geistes finden, der sich alles, was er unbeugsam erlitten hat, erträglicher macht; dass es die beste Eigenschaft des Schmerzes ist, dass der, der sich hinzieht, nicht heftig sein kann, und der, der heftig ist, sich nicht lange hinziehen kann; dass alles tapfer ertragen werden muss, was uns die Unvermeidlichkeit der Weltordnung auferlegt.

(8) Wenn du ihm mit diesen Lehrsätzen seine Lage vor Augen geführt hast, und er die Einsicht gewonnen hat, dass ein Leben glücklich ist, das nicht von der Lust gesteuert, sondern naturgemäß ist, wenn er an der Tugend als einzigem Gut des Menschen Freude gewonnen, die Unsittlichkeit als einziges Übel verworfen und verstanden hat, dass alles übrigen Dinge – Reichtum, Ehrenämter, eine gute Gesundheit, Körperkraft, Befehlshaberposten – als zweideutige Fälle weder den Gütern noch den Übeln zuzurechnen sind, wird er den Mahner nicht vermissen, der hinsichtlich der jeweiligen Einzelfälle wahrscheinlich sagt: „So gehe einher, so speise; so geziemt es sich für einen Mann, so für eine Frau, so für einen Ehemann, so für einen Unvermählten."

(9) Gerade diejenigen, die sehr gewissenhaft dazu auffordern, können das allerdings nicht bewirken; das eine lehrt der Lehrer dem Kind, das andere die Großmutter dem Enkel, und ein äußerst jähzorniger Lehrmeister hält einen Vortrag darüber, dass man nicht jähzornig sein darf. Wenn du eine Elementarschule betrittst, wirst du einsehen, dass das, was die Philosophen mit außerordentlichem Hochmut im Munde führen, sich [bereits] in den Regeln für die Kinder findet.

(10) Utrum deinde manifesta an dubia praecipies? Non desiderant manifesta monitorem, praecipienti dubia non creditur; supervacuum est ergo praecipere. Id adeo sic disce: si id mones quod obscurum est et ambiguum, probationibus adiuvandum erit; si probaturus es, illa per quae probas plus valent satisque per se sunt.

(11) 'Sic amico utere, sic cive, sic socio.' 'Quare?' 'Quia iustum est.' Omnia ista mihi de iustitia locus tradit: illic invenio aequitatem per se expetendam, nec metu nos ad illam cogi nec mercede conduci, non esse iustum cui quidquam in hac virtute placet praeter ipsam. Hoc cum persuasi mihi et perbibi, quid ista praecepta proficiunt quae eruditum docent? Praecepta dare scienti supervacuum est, nescienti parum; audire enim debet non tantum quid sibi praecipiatur sed etiam quare.

(12) Utrum, inquam, veras opiniones habenti de bonis malisque sunt necessaria an non habenti? Qui non habet nihil a te adiuvabitur, aures eius contraria monitionibus tuis fama possedit; qui habet exactum iudicium de fugiendis petendisque scit <quid> sibi faciendum sit etiam te tacente. Tota ergo pars ista philosophiae cummoveri potest

(10) Ob du weiterhin Augenscheinliches oder Zweifelhaftes vorschreiben wirst? Augenscheinliches verlangt nicht nach einem Mahner, einem, der Zweifelhaftes lehrt, wird nicht geglaubt; es vorzuschreiben, ist also überflüssig. So lerne besonders dieses: wenn du zu etwas anrätst, das unklar und zweideutig ist, muss es mit Beweisen gestützt werden; wenn du die Absicht hast, es durch Beweise glaubhaft zu machen, richtet das, womit du es beweist, mehr aus [als die Mahnungen] und ist für sich allein ausreichend.

(11) „So behandle den Freund, so den Mitbürger, so den Bundesgenossen." „Warum?" „Weil es wohl begründet ist." Dies alles lehrt mich der Standpunkt zur Gerechtigkeit: dort erfahre ich, dass Gerechtigkeit an sich erstrebt werden muss, dass wir weder aus Angst zu ihr gezwungen, noch durch Bezahlung verdingt werden, dass der nicht gerecht ist, dem irgendetwas an ihr gefällt ausgenommen ihrer selbst. Wenn mich das überzeugt hat und ich es ganz in mich aufgenommen habe, was nützen [dann] diese Vorschriften, die einen Gelehrten belehren? Einem Wissenden Anweisungen zu geben, ist überflüssig, sie einem Unwissenden zu geben nicht genug; er muss nämlich nicht nur erfahren, was ihm vorgeschrieben wird, sondern auch warum.

(12) Ob sie für denjenigen notwendig sind, der vernünftige Ansichten über Güter und Übel hat, frage ich, oder für denjenigen, der sie nicht hat? Wer sie nicht hat, wird in keiner Weise durch dich gefördert werden, das Gerede der Leute hat sich deinen Meinungen zuwider seiner Ohren bemächtigt; wer eine gut überlegte Ansicht darüber besitzt, was zu meiden und was zu wünschen ist, weiß, was er zu tun hat, auch wenn du schweigst. Dieses ganze Teilgebiet der Philosophie kann man folglich abtreten lassen.

(13) Duo sunt propter quae delinquimus: aut inest animo pravis opinionibus malitia contracta aut, etiam si non est falsis occupatus, ad falsa proclivis est et cito specie quo non oportet trahente corrumpitur. Itaque debemus aut percurare mentem aegram et vitiis liberare aut vacantem quidem sed ad peiora pronam praeoccupare. Utrumque decreta philosophiae faciunt; ergo tale praecipiendi genus nil agit.

(14) Praeterea si praecepta singulis damus, inconprehensibile opus est; alia enim dare debemus feneranti, alia colenti agrum, alia negotianti, alia regum amicitias sequenti, alia pares, alia inferiores amaturo.

(15) In matrimonio praecipies quomodo vivat cum uxore aliquis quam virginem duxit, quomodo cum ea quae alicuius ante matrimonium experta est, quemadmodum cum locuplete, quemadmodum cum indotata. An non putas aliquid esse discriminis inter sterilem et fecundam, inter provectiorem et puellam, inter matrem et novercam? Omnis species conplecti non possumus: atqui singulae propria exigunt, leges autem philosophiae breves sunt et omnia alligant.

(13) Zwei Gründe gibt es, weswegen wir Fehler begehen: entweder wohnt dem Geist eine aufgrund verkehrter Vorstellungen verursachte Schlechtigkeit inne, oder er ist, auch wenn er nicht von Unwahrheiten in Beschlag genommen wurde, dem Falschen zugeneigt und wird schnell vom äußeren Glanz verführt, der ihn dahin zieht, wohin er nicht soll. Daher müssen wir entweder den angegriffenen Geist völlig heilen und von seinen Fehlern befreien oder, wenn er zwar von ihnen frei ist, aber zum Schlechten neigt, sich seiner vorher bemächtigen. Beides tun die Lehrsätze der Philosophie; also führt eine solche Art der Belehrung in keiner Weise zur Vollendung.

(14) Wenn wir überdies jedem Einzelnen Weisungen erteilen, ist das eine nicht endende Aufgabe; die einen müssen wir nämlich denen geben, die Geld gegen Zins verleihen, die anderen denen, die das Feld bestellen, die einen denen, die Handel treiben, die anderen denen, die die Freundschaft der Könige suchen, die einen denen, die Zuneigung zu Gleichrangigen, die anderen denen, die Zuneigung zu Geringeren empfinden werden.

(15) Für die Ehe wirst du vorschreiben, wie einer mit seiner Gattin leben soll, die er als junge Frau geheiratet hat, wie mit derjenigen, die schon Erfahrungen aus der Ehe mit einem anderen erlangt hat, wie mit einer wohlhabenden [Frau], wie mit einer ohne Mitgift. Oder meinst du nicht, dass ein nennenswerter Unterschied besteht zwischen einer unfruchtbaren und einer fruchtbaren Frau, zwischen einer Bejahrten und einem Mädchen, zwischen einer Mutter und einer Stiefmutter? Wir können nicht alle einzelnen Fälle schildern: und doch verlangen die jeweils Einzelnen nach individuellen [Anweisungen]; die Gesetze der Philosophie aber sind kurz gefasst und verbinden alles.

(16) Adice nunc quod sapientiae praecepta finita debent esse et certa; si qua finiri non possunt, extra sapientiam sunt; sapientia rerum terminos novit. Ergo ista praeceptiva pars summovenda est, quia quod paucis promittit praestare omnibus non potest; sapientia autem omnis tenet.

(17) Inter insaniam publicam et hanc quae medicis traditur nihil interest nisi quod haec morbo laborat, illa opinionibus falsis; altera causas furoris traxit ex valetudine, altera animi mala valetudo est. Si quis furioso praecepta det quomodo loqui debeat, quomodo procedere, quomodo in publico se gerere, quomodo in privato, erit ipso quem monebit insanior: [si] bilis nigra curanda est et ipsa furoris causa removenda. Idem in hoc alio animi furore faciendum est: ipse discuti debet; alioqui abibunt in vanum monentium verba.

(18) Haec ab Aristone dicuntur; cui respondebimus ad singula. Primum adversus illud quod ait, si quid obstat oculo et inpedit visum, debere removeri, fateor huic non opus esse praeceptis ad videndum, sed remedio quo purgetur acies et officientem sibi moram effugiat; natura enim videmus, cui usum sui reddit qui removit obstantia; quid autem cuique debeatur officio natura non docet.

(16) Füge nun hinzu, dass die Lehrsätze der Philosophie durch Grenzen festgesetzt und unzweifelhaft sein müssen; wenn sie insofern nicht begrenzt werden können, liegen sie außerhalb der Vernunft; die Weisheit kennt die Grenzen der Dinge. Also muss der Teil, der die Weisungen betrifft, entfernt werden, weil das, was er wenigen verspricht, nicht allen erweisen kann; die Weisheit jedoch bindet alle.

(17) Es besteht kein Unterschied zwischen dem allgemeinen Wahnsinn und demjenigen, der den Ärzten überlassen wird, außer das der letztere aufgrund einer Krankheit besteht, der erstere aufgrund irriger Auffassungen; bei dem einen leiten sich die Ursachen des Wahnsinns aus einem körperlichen Leiden ab, bei dem anderen beruht er auf einer verderblichen Krankheit des Geistes. Falls irgendjemand einem Verrückten Anweisungen geben sollte, wie er sprechen, wie er auftreten, wie er sich öffentlich, wie er sich privat betragen müsse, er wäre sogar verrückter als derjenige, den er belehrt: man muss die schwarze Galle kurieren und so die eigentliche Ursache des Wahnsinns beseitigen. Dasselbe ist bei dieser anderen Geistesgestörtheit zu tun: sie selbst muss ausgetrieben werden; andernfalls werden die Worte des Ermahnenden in den Wind gesprochen sein.

(18) Das eben aufgeführte wird von Ariston gesagt; wir werden ihm darauf im Einzelnen antworten. Zuerst räume ich gegenüber dem, was er sagt, ein, dass, wenn etwas dem Auge im Weg steht und das Sehen beeinträchtigt, es entfernt werden muss, dass es keine Anweisungen benötigt, um zu sehen, sondern ein Heilmittel, mit dem das Auge gereinigt wird und es dem sich entgegenstellenden Hindernis entgeht; wir sehen aufgrund unserer natürlichen Veranlagung, derjenige, der beseitigt, was in den Weg tritt, stellt ihre Funktion wieder her; was jedoch im Einzelnen pflichtgemäß geschuldet ist, lehrt die Natur nicht.

(19) Deinde cuius curata suffusio est, is non protinus cum visum recepit aliis quoque potest reddere: malitia liberatus et liberat. Non opus est exhortatione, ne consilio quidem, ut colorum proprietates oculus intellegat; a nigro album etiam nullo monente distinguet. Multis contra praeceptis eget animus ut videat quid agendum sit in vita. Quamquam oculis quoque aegros medicus non tantum curat sed etiam monet.

(20) 'Non est', inquit, 'quod protinus inbecillam aciem committas inprobo lumini; a tenebris primum ad umbrosa procede, deinde plus aude et paulatim claram lucem pati adsuesce. Non est quod post cibum studeas, non est quod plenis oculis ac tumentibus imperes; adflatum et vim frigoris in os occurrentis evita' – alia eiusmodi, quae non minus quam medicamenta proficiunt. Adicit remediis medicina consilium.

(21) 'Error', inquit, 'est causa peccandi: hunc nobis praecepta non detrahunt nec expugnant opiniones de bonis ac malis falsas.' Concedo per se efficacia praecepta non esse ad evertendam pravam animi persuasionem; sed non ideo <non> aliis quidem adiecta proficiunt. Primum memoriam renovant; deinde quae in universo confusius videbantur in partes divisa diligentius considerantur. Aut [in] isto modo licet et consolationes dicas supervacuas et exhortationes· atqui non sunt supervacuae; ergo ne monitiones quidem.

(19) Und weiter: nachdem der graue Star geheilt wurde, kann einer, wenn er seine Sehkraft wiedererlangt hat, diese nicht sogleich auch anderen zurückgeben: von seiner böswilligen Gesinnung befreit, befreit er auch [andere]. Man braucht keine Mahnung, nicht einmal einen Rat, damit das Auge die charakteristischen Eigenschaften der Farben erkennt; auch ohne einen Mahnenden wird es weiße Farbe von schwarzer unterscheiden. Der Geist benötigt dagegen viele Weisungen, um zu begreifen, was im Leben zu tun ist. Obgleich ein Arzt die Kranken auch hinsichtlich der Augen nicht nur behandelt, sondern auch ermahnt.

(20) „Die schwache Sehkraft", sagt er, „darfst du nicht gleich einer übermäßig [starken] Lichtquelle aussetzen; aus der Dunkelheit geh zuerst in den Schatten, dann wage mehr und gewöhne dich nach und nach daran, das helle Licht zu ertragen. Du darfst nach dem Essen nicht studieren, darfst den dick geschwollenen Augen nicht zu viel zumuten; vermeide Zugluft und eine strenge, auf das Gesicht treffende Kälte" – und andere solche Dinge, die ebenso sehr helfen wie die Medikamente. Die Heilkunst fügt den Arzneimitteln einen Ratschlag bei.

(21) „Der Irrtum", behauptet er, „ist die Ursache falschen Handelns: diesen entreißen uns die Weisungen nicht und sie überwinden auch nicht die falschen Auffassungen über Güter und Übel." Ich gebe zu, dass Weisungen an sich nicht nachhaltig wirkend sind, um eine fehlerhafte Überzeugung des Geistes auszutreiben; aber sie sind nicht deshalb unnütz, weil sie anderen Dingen hinzugefügt wurden. Erstens frischen sie die Erinnerung auf; sodann nimmt man das, was im Ganzen genommen allzu verworren erschien, gründlicher in Augenschein, nachdem es in Abschnitte aufgeteilt wurde. Sonst wäre es auf diese Weise auch möglich, Tröstungen und Ermunterungen als überflüssig zu bezeichnen: sie sind nun aber nicht überflüssig; also sind es auch die Mahnungen nicht.

(22) 'Stultum est', inquit, 'praecipere aegro quid facere tamquam sanus debeat, cum restituenda sanitas sit, sine qua inrita sunt praecepta.' Quid quod habent aegri quaedam sanique communia de quibus admonendi sunt? Tamquam ne avide cibos adpetant, ut lassitudinem vitent. Habent quaedam praecepta communia pauper et dives.

(23) 'Sana', inquit, 'avaritiam, et nihil habebis quod admoneas aut pauperem aut divitem, si cupiditas utriusque consedit.' Quid quod aliud est non concupiscere pecuniam, aliud uti pecunia scire? Cuius avari modum ignorant, etiam non avari usum. 'Tolle', inquit, 'errores: supervacua praecepta sunt.' Falsum est. Puta enim avaritiam relaxatam, puta adstrictam esse luxuriam, temeritati frenos iniectos, ignaviae subditum calcar: etiam remotis vitiis, quid et quemadmodum debeamus facere discendum est.

(24) 'Nihil', inquit, 'efficient monitiones admotae gravibus vitiis.' Ne medicina quidem morbos insanabiles vincit, tamen adhibetur aliis in remedium, aliis in levamentum. Ne ipsa quidem universae philosophiae vis, licet totas in hoc vires suas advocet, duram iam et veterem animis extrahet pestem; sed non ideo nihil sanat quia non omnia.

(22) „Es ist töricht", fährt er fort, „einem Kranken vorzuschreiben, was er gleichsam als ein Gesunder tun sollte, während seine Gesundheit [erst] wiederhergestellt werden muss, ohne welche die Anweisungen vergeblich sind." Was ist, wenn Kranke und Gesunde manche Dinge gemeinsam haben, worüber man sie belehren muss? Zum Beispiel, dass sie nicht unmäßig nach Essen verlangen, dass sie Erschöpfung vermeiden sollen. Etliche Weisungen gelten für arm und reich gemeinsam.

(23) „Heile die Habgier", sagt [Ariston], „und du wirst keinen Grund haben, einen Armen oder einen Reichen zu mahnen, wenn die Habsucht beider sich legt." Was, wenn es eines ist, den Reichtum nicht zu begehren, ein anderes, zu verstehen, sich des Reichtums zu bedienen? Die Habsüchtigen kennen nicht sein Maß, die, die nicht habsüchtig sind, verstehen selbst seine Notwendigkeit nicht. „Beseitige die Irrtümer", sagt er. „Weisungen sind [dann] überflüssig." Das ist falsch. Stell dir vor, die Habsucht habe nachgelassen, stell dir vor, die Verschwendungssucht sei in Schranken gewiesen, der Unbesonnenheit die Zügel angelegt, der Trägheit die Sporen gegeben worden: auch nachdem die Verfehlungen abgewendet worden sind, muss man lernen, was wir tun und auf welche Weise wir tätig sein müssen.

(24) „Nichts", führt er weiter aus, „werden die nahegelegten Mahnungen gegen schwere Verfehlungen bewirken." Auch die Medizin bezwingt keine unheilbaren Krankheiten, trotzdem wird sie hinzugezogen – bei den einen als Mittel zur Heilung, bei den anderen als Mittel zur Linderung. Nicht einmal die Macht der gesamten Philosophie selbst, mag sie dafür auch all ihre Kräfte um Beistand ersuchen, wird eine schon beschwerliche und lang bestehende Krankheit den Seelen entreißen; aber [nur] weil sie nicht alles heilt, heilt sie deswegen nicht gar nichts.

(25) 'Quid prodest', inquit, 'aperta monstrare?' Plurimum; interdum enim scimus nec adtendimus. Non docet admonitio sed advertit, sed excitat, sed memoriam continet nec patitur elabi. Pleraque ante oculos posita transimus: admonere genus adhortandi est. Saepe animus etiam aperta dissimulat; ingerenda est itaque illi notitia rerum notissimarum. Illa hoc loco in Vatinium Calvi repetenda sententia est: 'Factum esse ambitum scitis, et hoc vos scire omnes sciunt.'

(26) Scis amicitias sancte colendas esse, sed non facis. Scis inprobum esse qui ab uxore pudicitiam exigit, ipse alienarum corruptor uxorum; scis ut illi nil cum adultero, sic tibi nil esse debere cum paelice, et non facis. Itaque subinde ad memoriam reducendus es; non enim reposita illa esse oportet sed in promptu. Quaecumque salutaria sunt saepe agitari debent, saepe versari, ut non tantum nota sint nobis sed etiam parata. Adice nunc quod aperta quoque apertiora fieri solent.

(25) „Was nützt es“, fragt er, „auf Offenkundiges hinzuweisen?“ Sehr viel; manchmal wissen wir nämlich etwas, richten aber nicht unsere Aufmerksamkeit darauf. Eine Ermahnung belehrt nicht, sondern macht aufmerksam, sondern ermuntert, sondern hält die Erinnerung aufrecht und lässt nicht zu, dass sie entgleitet. An den meisten Dingen, die vor unseren Augen liegen, gehen wir [achtlos] vorbei: zu ermahnen ist eine Art des Ansporns. Der Verstand beachtet das Offenkundige nämlich oft nicht; die Kenntnis der als bewährt erwiesenen Dinge muss man ihm daher aufnötigen. An dieser Stelle sollte das bekannte Votum des Calvus gegen Vatinius in Erinnerung gerufen werden: „Ihr wisst, dass die Amtserschleichung eine Tatsache ist, und alle wissen, dass ihr das wisst.“

(26) Du weißt, dass Freundschaften gewissenhaft gepflegt werden müssen – du tust es aber nicht. Du weißt, dass derjenige ein Schuft ist, der von seiner Ehefrau Sittsamkeit verlangt, selbst [aber] ein Verführer fremder Ehefrauen ist; du weißt, dass so, wie sie nicht mit einem Ehebrecher, du auch nicht mit einer Geliebten zusammen sein darfst – du handelst aber nicht [entsprechend]. Deshalb muss es von Zeit zu Zeit wieder in Erinnerung gebracht werden; dergleichen sollte nämlich nicht aufbewahrt, sondern bereit gehalten werden. Alles, was nützlich ist, muss oft ausgeübt, oft überdacht werden, damit es uns nicht nur bekannt ist, sondern auch leicht zu Diensten steht. Nimm jetzt noch hinzu, dass auch Offenkundiges gewöhnlich [noch] offenkundiger wird.

(27) 'Si dubia sunt', inquit, 'quae praecipis, probationes adicere debebis; ergo illae, non praecepta proficient.' Quid quod etiam sine probationibus ipsa monentis auctoritas prodest? Sic quomodo iurisconsultorum valent responsa, etiam si ratio non redditur. Praeterea ipsa quae praecipiuntur per se multum habent ponderis, utique si aut carmini intexta sunt aut prosa oratione in sententiam coartata, sicut illa Catoniana: 'Emas non quod opus est, sed quod necesse est; quod non opus est asse carum est', qualia sunt illa aut reddita oraculo aut similia: 'Tempori parce', 'te nosce'.

(28) Numquid rationem exiges cum tibi aliquis hos dixerit versus?

Iniuriarum remedium est oblivio.
Audentis fortuna iuvat,
piger ipse sibi opstat.

Advocatum ista non quaerunt: adfectus ipsos tangunt et natura vim suam exercente proficiunt.

(27) „Wenn es umstrittene Dinge sind, die du vorschreibst", sagt er, „wirst du Beweise hinzufügen müssen; folglich bewirken diese [Beweise] etwas, nicht die Anweisungen." Was ist, wenn selbst ohne Beweise allein schon die Autorität des Mahnenden ihre Wirkung entfaltet? Auf eine Weise wie die Gutachten der Rechtsgelehrten Geltung besitzen, selbst wenn keine Begründung herausgegeben wird. Darüber hinaus besitzt das, was angeordnet wird, bereits an sich ein bedeutendes Gewicht, besonders wenn es entweder in eine Dichtung eingeflochten oder in ungebundener Rede auf einen Gedanken verdichtet ist; zum Beispiel die bekannten [Belehrungen] von Cato: „ Man sollte nicht einkaufen, weil ein Bedürfnis vorhanden ist, sondern weil eine Notwendigkeit vorliegt; was nicht gebraucht wird, ist keinen Pfennig wert", von gleicher Art, entweder durch einen Orakelspruch oder durch Ähnliches wiedergegeben, sind jene bekannten [Aussprüche]: „Geh sparsam mit der Zeit um", „Erkenne dich selbst".

(28) Wirst du etwa einen Beweis einfordern, wenn dir irgendjemand folgenden Vers vorträgt:

Ein Heilmittel gegen Kränkungen ist das Vergessen.
Den Wagemutigen kommt das Glück zu Hilfe,
der Faule steht sich selbst im Wege.

Solcherlei erfordert keinen Rechtsbeistand: es berührt unmittelbar die Gefühle und bewirkt etwas, weil eine natürliche Denkart ihre Macht ausübt.

(29) Omnium honestarum rerum semina animi gerunt, quae admonitione excitantur non aliter quam scintilla flatu levi adiuta ignem suum explicat; erigitur virtus cum tacta est et inpulsa. Praeterea quaedam sunt quidem in animo, sed parum prompta, quae incipiunt in expedito esse cum dicta sunt; quaedam diversis locis iacent sparsa, quae contrahere inexercitata mens non potest. Itaque in unum conferenda sunt et iungenda, ut plus valeant animumque magis adlevent.

(30) Aut si praecepta nihil adiuvant, omnis institutio tollenda est; ipsa natura contenti esse debemus. Hoc qui dicunt non vident alium esse ingenii mobilis et erecti, alium tardi et hebetis, utique alium alio ingeniosiorem. Ingenii vis praeceptis alitur et crescit novasque persuasiones adicit innatis et depravata corrigit.

(31) 'Si quis', inquit, 'non habet recta decreta, quid illum admonitiones iuvabunt vitiosis obligatum?' Hoc scilicet, ut illis liberetur; non enim extincta in illo indoles naturalis est sed obscurata et oppressa. Sic quoque temptat resurgere et contra prava nititur, nacta vero praesidium et adiuta praeceptis evalescit, si tamen illam diutina pestis non infecit nec enecuit; hanc enim ne disciplina quidem philosophiae toto impetu suo conisa restituet. Quid enim interest inter decreta philosophiae et praecepta nisi quod illa generalia praecepta sunt, haec specialia? Utraque res praecipit, sed altera in totum, particulatim altera.

(29) Unsere Herzen tragen die Samen aller sittlich guten Dinge in sich, die durch Anweisung hervorgerufen werden, nicht anders als ein Funke, begünstigt durch einen leichten Windhauch, die ihm innewohnende Flamme sich ausbreiten lässt. Die Tugend hebt sich empor, sooft sie berührt und angetrieben wird. Überdies ist manches zwar im Geiste (aber nicht gleich zur Hand), das erst einsatzbereit ist, wenn es angesprochen wird; manches liegt an verschiedenen Orten unbeachtet da, das ein ungeübter Geist nicht aufzulesen vermag. Also muss es zu einem Einzigen zusammenfasst und verbunden werden, um zu mehr imstande zu sein und den Geist höher emporzutragen.

(30) Oder aber, wenn Anweisungen nicht förderlich sind, müsste jedweder Unterricht abgeschafft werden; wir müssten uns allein mit der natürlichen Veranlagung begnügen. Die das sagen, erkennen nicht, dass der eine im Geiste beweglich und aufmerksam, der andere träge und abgestumpft und damit der eine gescheiter als der andere ist. Die Geistesstärke wird durch Anweisungen gefördert und steigert sich, sie fügt dem Angeborenen neue Überzeugungen hinzu und bringt Verdorbenes in Ordnung.

(31) „Wenn irgendjemand nicht die richtigen Grundsätze hat", sagt er, „was werden ihm die Ermahnungen helfen, solange er durch seine fehlerhaften [Grundsätze] eingeschränkt ist?" Dies freilich, dass er von ihnen befreit wird; denn die natürliche Begabung in ihm ist nicht erloschen, sondern verborgen und unterdrückt. Auch so versucht sie, wieder hervorzukommen, und stemmt sich gegen das Verkehrte; nachdem sie aber Hilfe bekommen hat und durch Anweisungen ermutigt wurde, nimmt sie an Kräften zu, jedoch nur, wenn eine langwierige Seuche sie nicht vergiftet und entkräftet hat: eine solche nämlich stellt nicht einmal eine mit vollem Eifer bemühte philosophische Lehre wieder her. Welcher Unterschied besteht denn zwischen Lehrsätzen der Philosophie und Vorschriften, außer dass erstere allgemeine, letztere spezielle Anweisungen sind? Beide belehren, aber die einen im Ganzen, die anderen portionsweise.

(32) 'Si quis', inquit, 'recta habet et honesta decreta, hic ex supervacuo monetur.' Minime; nam hic quoque doctus quidem est facere quae debet, sed haec non satis perspicit. Non enim tantum adfectibus inpedimur quominus probanda faciamus sed inperitia inveniendi quid quaeque res exigat. Habemus interdum compositum animum, sed residem et inexercitatum ad inveniendam officiorum viam, quam admonitio demonstrat.

(33) 'Expelle', inquit, 'falsas opiniones de bonis et malis, in locum autem earum veras repone, et nihil habebit admonitio quod agat.' Ordinatur sine dubio ista ratione animus, sed non ista tantum; nam quamvis argumentis collectum sit quae bona malaque sint, nihilominus habent praecepta partes suas. Et prudentia et iustitia officiis constat: officia praeceptis disponuntur.

(34) Praeterea ipsum de malis bonisque iudicium confirmatur officiorum exsecutione, ad quam praecepta perducunt. Utraque enim inter se consentiunt: nec illa possunt praecedere ut non haec sequantur, et haec ordinem sequuntur suum; unde apparet illa praecedere.

(35) 'Infinita', inquit, 'praecepta sunt.' Falsum est; nam de maximis ac necessariis rebus non sunt infinita; tenues autem differentias habent quas exigunt tempora, loca, personae, sed his quoque dantur praecepta generalia.

(32) „Wenn irgendjemand", sagt er, „richtige und sittlich gute Grundsätze hat, wird er unnötigerweise ermahnt." Keineswegs; denn auch dieser ist zwar darüber belehrt worden, was er tun soll, aber er durchdringt es nicht hinlänglich. Wir werden nämlich nicht nur aufgrund der Leidenschaften daran gehindert zu tun, was als tüchtig anzuerkennen ist, sondern auch durch die Unerfahrenheit zu finden, was jeder einzelne Sachverhalt verlangt. Zuweilen bringen wir eine geeignete Geisteshaltung mit uns, jedoch unbeschäftigt und ungeübt im Auffinden des pflichtgemäßen Weges, den die Mahnung weist.

(33) „Beseitige die falschen Vorstellungen über die Güter und die Übel", sagt er, „setze an deren Stelle wieder die richtigen ein, und eine Ermahnung wird überhaupt nichts [mehr] zu tun haben." Der Geist wird auf diesem Weg ohne Zweifel ordentlich eingerichtet, aber nicht nur auf diesem; denn obgleich sich aufgrund von Beweisen ergeben hat, was Güter und Übel sind, haben Belehrungen nichtsdestoweniger ihre Aufgabe. Auch Klugheit und Gerechtigkeit beruhen auf pflichtgemäßem Handeln: pflichtgemäßes Handeln wird durch Anweisungen bestimmt.

(34) Überdies wird gerade die Urteilsfähigkeit über Güter und Übel bei Ausführung pflichtgemäßen Handelns gestärkt, zu denen die Anweisungen hinleiten. Denn die beiden harmonieren miteinander: und jene können nicht vorangehen, ohne dass diese folgen, und zugleich folgen diese ihrer eigenen Ordnung, weswegen es einleuchtet, dass jene vorangehen.

(35) „Es gibt grenzenlos [viele] Anweisungen", sagt er. Das ist falsch; denn in Hinsicht auf die bedeutendsten und unentbehrlichsten Dinge sind sie nicht grenzenlos. Sie weisen aber feine Unterschiede auf, welche nach Zeiten, Orten [und] Personen abwägen, aber auch für diese werden allgemeine Anweisungen gegeben.

(36) 'Nemo', inquit, 'praeceptis curat insaniam; ergo ne malitiam quidem.' Dissimile est; nam si insaniam sustuleris, sanitas reddita est; si falsas opiniones exclusimus, non statim sequitur dispectus rerum agendarum; ut sequatur, tamen admonitio conroborabit rectam de bonis malisque sententiam. Illud quoque falsum est, nihil apud insanos proficere praecepta. Nam quemadmodum sola non prosunt, sic curationem adiuvant; et denuntiatio et castigatio insanos coercuit – de illis nunc insanis loquor quibus mens mota est, non erepta.

(37) 'Leges', inquit, 'ut faciamus quod oportet non efficiunt, et quid aliud sunt quam minis mixta praecepta?' Primum omnium ob hoc illae non persuadent quia minantur, at haec non cogunt sed exorant; deinde leges a scelere deterrent, praecepta in officium adhortantur. His adice quod leges quoque proficiunt ad bonos mores, utique si non tantum imperant sed docent.

(38) In hac re dissentio a Posidonio, qui <'improbo', inquit,> 'quod Platonis legibus adiecta principia sunt. Legem enim brevem esse oportet, quo facilius ab inperitis teneatur. Velut emissa divinitus vox sit: iubeat, non disputet. Nihil videtur mihi frigidiuc, nihil ineptius quam lex cum prologo. Mone, dic quid me velis fecisse: non disco sed pareo.' Proficiunt vero; itaque malis moribus uti videbis civitates usas malis legibus.

(36) „Niemand", sagt er, „kann den Wahnsinn mit Anweisungen heilen; also auch nicht eine böswillige Gesinnung." Das ist nicht dasselbe; denn wenn man den Wahnsinn beseitigt, ist die geistige Gesundheit wiederhergestellt; wenn wir [aber] falsche Vorstellungen ausgesperrt haben, schließt sich nicht sofort eine allseitige Erwägung von dem an, was zu tun ist; selbst wenn sie sich anschließt, wird eine Ermahnung gleichwohl den rechten Sinn hinsichtlich der Güter und Übel stärken. Ein dieses ist freilich auch falsch, dass Anweisungen bei Wahnsinn gar nicht helfen. Denn allein sind sie zwar nicht wirksam, aber sie unterstützen [doch] die Behandlung; sowohl Androhung als auch Zurechtweisung halten Wahnsinnige im Zaum – ich spreche jetzt von jenen Wahnsinnigen, bei denen der Verstand in Unruhe geraten ist, nicht denen er geraubt wurde.

(37) „Gesetze", sagt er, „bewirken nicht, dass wir tun, was notwendig ist, und was anderes sind sie, als Drohungen, die mit Vorschriften vermengt sind?" Zuallererst überzeugen erstere nicht deswegen, weil sie drohen, hingegen letztere nicht erzwingen, sondern erbitten; zweitens halten Gesetze nicht von einem Verbrechen ab, Belehrungen ermuntern zu einem pflichtgemäßen Handeln. Nimm noch hinzu, dass auch Gesetze den guten Sitten dienlich sind, besonders wenn sie nicht nur gebieten, sondern auch belehren.

(38) In dieser Sache stimme ich nicht mit Poseidonios überein, der sagt: „Ich missbillige, dass den Gesetzen Platons Grundsätze hinzugefügt wurden. Ein Gesetz muss nämlich kurz gefasst sein, wodurch es leichter von den Laien erfasst werden kann. Es sollte wie ein Gebot sein, das von einem Gott ausgesandt wurde: befehlen sollte es, nicht diskutieren. Nichts scheint mir trivialer, nichts läppischer als ein Gesetz mit einer Vorrede. Ermahne, sag, was du von mir zu tun verlangst: ich studiere nicht, ich gehorche." Sie sind nun aber doch hilfreich; daher wirst du sehen, dass in Staaten, die sich schlechter Gesetze bedienen, schlechte Sitten herrschen.

(39) 'At non apud omnis proficiunt.' Ne philosophia quidem; nec ideo inutilis et formandis animis inefficax est. Quid autem? Philosophia non vitae lex est? Sed putemus non proficere leges: non ideo sequitur ut ne monitiones quidem proficiant. Aut sic et consolationes nega proficere dissuasionesque et adhortationes et obiurgationes et laudationes. Omnia ista monitionum genera sunt; per ista ad perfectum animi statum pervenitur.

(40) Nulla res magis animis honesta induit dubiosque et in pravum inclinabiles revocat ad rectum quam bonorum virorum conversatio; paulatim enim descendit in pectora et vim praeceptorum obtinet frequenter aspici, frequenter audiri. Occursus mehercules ipse sapientium iuvat, et est aliquid quod ex magno viro vel tacente proficias.

(41) Nec tibi facile dixerim quemadmodum prosit, sicut illud intellegam profuisse. 'Minuta quaedam', ut ait Phaedon, 'animalia cum mordent non sentiuntur, adeo tenuis illis et fallens in periculum vis est; tumor indicat morsum et in ipso tumore nullum vulnus apparet.' Idem tibi in conversatione virorum sapientium eveniet: non deprehendes quemadmodum aut quando tibi prosit, profuisse deprendes.

(39) „Aber sie richten nicht bei allen etwas aus." Selbst die Philosophie nicht; aber deshalb ist sie nicht unnütz und unfähig zur Anleitung der Gedanken. Was nun aber? Gilt die Philosophie nicht als das Gesetz des Lebens? Aber nehmen wir an, dass Gesetze nichts bewirken: daraus folgt nicht, dass auch Ermahnungen nichts bewirken. Oder streite auf gleiche Weise auch ab, dass Ermutigungen und Gegenreden, Aufmunterungen, Verweise und Belobigungen etwas ausrichten. All diese sind Arten von Ermahnungen; mit ihrer Hilfe wird ein vollkommener Zustand des Geistes erreicht.

(40) Nichts verschafft den Gemütern mehr Anstand und bringt Zweifelnde und diejenigen, die leicht zum Schlechten neigen, auf den richtigen Weg zurück als der Lebenswandel von rechtschaffenen Männern; was man oft sieht, was man oft hört, dringt nämlich nach und nach in die Herzen ein und erlangt die Bedeutung von Anweisungen. Wahrhaftig, schon die Begegnung mit Weisen ist erbaulich, und es ist nicht wenig, was man durch einen großen Mann gewinnt, selbst wenn er schweigt.

(41) Ich kann dir jedoch nicht [so] leicht erklären, auf welche Weise es nützt, wie ich erkennen kann, dass es genützt hat. „Einige winzige Lebewesen werden, wenn sie beißen, nicht wahrgenommen", wie Phaidon ausführt. „Eine so minimale und bei dem Wagnis unbemerkt bleibende Stärke besitzen sie; eine Schwellung verrät den Biss, und in der Schwellung selbst zeigt sich keine Verletzung." Dasselbe wird dir im Umgang mit weisen Männern passieren: du wirst nicht erkennen, wie oder wann er dir nützen mag, dass er dir nützlich war, wirst du [aber] erkennen.

(42) 'Quorsus', inquis, 'hoc pertinet?' Aeque praecepta bona, si saepe tecum sint, profutura quam bona exempla. Pythagoras ait alium animum fieri intrantibus templum deorumque simulacra ex vicino cernentibus et alicuius oraculi opperientibus vocem.

(43) Quis autem negabit feriri quibusdam praeceptis efficaciter etiam inperitissimos? Velut his brevissimis vocibus, sed multum habentibus ponderis:

Nil nimis.
Avarus animus nullo satiatur lucro.
Ab alio expectes alteri quod feceris.

Haec cum ictu quodam audimus, nec ulli licet dubitare aut interrogare: 'Quare?'; adeo etiam sine ratione ipsa veritas lucet.

(44) Si reverentia frenat animos ac vitia conpescit, cur non et admonitio idem possit? Si inponit pudorem castigatio, cur admonitio non faciat, etiam si nudis praeceptis utitur? Illa vero efficacior est et altius penetrat quae adiuvat ratione quod praecipit, quae adicit quare quidque faciendum sit et quis facientem oboedientemque praeceptis fructus expectet. Si imperio proficitur, et admonitione; atqui proficitur imperio; ergo et admonitione.

(42) „Worauf das abzielt?", fragst du. Geeignete Anweisungen, wenn man sie sich oft vergegenwärtigt, werden dir ebenso nützlich sein, wie gute Vorbilder. Pythagoras sagt, dass bei denen, die in einen Tempel eintreten, [und] die Bildnisse der Götter aus der Nähe sehen und einen Spruch des Orakels erwarten, eine andere Denk- und Handlungsweise eintreten wird.

(43) Wer wird aber abstreiten, dass mit manchen Anweisungen selbst auf Unkundige ein nachhaltiger Eindruck ausgeübt wird? Wie zum Beispiel durch diese äußerst kurzen, aber eine große Bedeutung in sich tragenden Äußerungen:

Nichts im Übermaß.
Ein unersättliche Seele wird durch keinen Reichtum befriedigt.
Erwarte von einem anderen, was du ihm gegeben hast.

Wir hören diese nicht ohne eine gewisse Regung [des Geistes], und niemandem steht es frei, das zu bezweifeln oder zu fragen: „Warum?"; so sehr leuchtet die Wahrheit auch ohne Begründung aus sich selbst hervor.

(44) Wenn Ehrfurcht die Herzen leitet und schlechte Eigenschaften unterdrückt, warum sollte nicht auch eine Ermahnung dasselbe vermögen? Wenn eine Strafe Schamgefühl verursacht, warum sollte eine Ermahnung, wenn sie sich gar noch einfacher Anweisungen bedient, das nicht tun? Diejenige [Ermahnung] ist allerdings wirksamer und dringt tiefer ein, die durch Beweisführung befördert, was sie lehrt, die hinzufügt, weshalb irgendetwas getan werden sollte und aufgrund welcher Anweisungen einer, der sie ausführt und ihnen gehorcht, einen Ertrag erwarten darf. Wenn aufgrund eines Befehls etwas bewirkt wird, [dann] auch aufgrund einer Ermahnung; es wird aber doch aufgrund eines Befehls [offensichtlich] etwas bewirkt, also auch aufgrund einer Ermahnung.

(45) In duas partes virtus dividitur, in contemplationem veri et actionem: contemplationem institutio tradit, actionem admonitio. Virtutem et exercet et ostendit recta actio. Acturo autem si prodest qui suadet, et qui monet proderit. Ergo si recta actio virtuti necessaria est, rectas autem actiones admonitio demonstrat, et admonitio necessaria est.

(46) Duae res plurimum roboris animo dant, fides veri et fiducia: utramque admonitio facit. Nam et creditur illi et, cum creditum est, magnos animus spiritus concipit ac fiducia impletur; ergo admonitio non est supervacua. M. Agrippa, vir ingentis animi, qui solus ex iis quos civilia bella claros potentesque fecerunt felix in publicum fuit, dicere solebat multum se huic debere sententiae: 'Nam concordia parvae res crescunt, discordia maximae dilabuntur.' Hac se aiebat et fratrem et amicum optimum factum.

(47) Si eiusmodi sententiae familiariter in animum receptae formant eum, cur non haec pars philosophiae quae talibus sententiis constat idem possit? Pars virtutis disciplina constat, pars exercitatione; et discas oportet et quod didicisti agendo confirmes. Quod si est, non tantum scita sapientiae prosunt sod otiam praecepta, quae adfectus nostros velut edicto coercent et ablegant.

(45) Die Tugend lässt sich in zwei Bereiche aufteilen, in die geistige Betrachtung des Wahren und in ihre praktische Anwendung: Unterweisung lehrt die geistige Betrachtung, Ermahnung die praktische Anwendung. Das rechte Handeln trainiert und offenbart die Tugend. Wenn jedoch ein Ratgeber demjenigen hilft, der zu handeln beabsichtigt, wird ihm auch derjenige helfen, der ihn ermahnt. Wenn nun das rechte Handeln für die Tugend notwendig ist, andererseits eine Ermahnung auf das rechte Handeln hinweist, ist auch die Ermahnung notwendig.

(46) Zwei Dinge geben der Seele ihre größte Stärke, der Glaube ans Wahre und das Selbstvertrauen. Eine Ermahnung bringt beides hervor. Man vertraut ihr nämlich, und weil man ihr Vertrauen schenkt, schöpft der Geist großen Mut und wird mit Selbstvertrauen erfüllt; folglich ist eine Ermahnung nicht überflüssig. Marcus Agrippa, ein Mann von außerordentlichem Verstand, der als einziger von denen, die im Bürgerkrieg berühmt und einflussreich geworden sind, für das Gemeinwesen von Glück war, pflegte zu sagen, dass er folgendem Ausspruch viel verdankt: „Denn durch Eintracht wachsen die kleinen Dinge, durch Zwietracht werden die größten verfallen". Dadurch, sagte er, sei er sowohl ein sehr guter Bruder als auch ein sehr guter Freund geworden.

(47) Wenn derartige Sprüche, sofern sie im Geiste freundlich aufgenommen wurden, diesen anleiten, warum sollte nicht derjenige Teil der Philosophie, der auf solchen Sprüchen beruht, dasselbe können? Ein Teil der Tugend beruht auf Unterweisung, ein Teil auf Übung; man sollte sowohl lernen, als auch das, was gelernt wurde, durch sein Handeln festigen. Wenn dem so ist, sind nicht nur die Lehrsätze der Philosophie hilfreich, sondern auch die Anweisungen, die unsere Leidenschaften gleichsam durch Verordnung bändigen und fernhalten.

(48) 'Philosophia', inquit, 'dividitur in haec, scientiam et habitum animi; nam qui didicit et facienda ac vitanda percepit nondum sapiens est nisi in ea quae didicit animus eius transfiguratus est. Tertia ista pars praecipiendi ex utroque est, et ex decretis et ex habitu; itaque supervacua est ad implendam virtutem, cui duo illa sufficiunt.'

(49) Isto ergo modo et consolatio supervacua est (nam haec quoque ex utroque est) et adhortatio et suasio et ipsa argumentatio; nam et haec ab habitu animi compositi validique proficiscitur. Sed quamvis ista ex optimo habitu animi veniant, optimus animi habitus ex his est; et facit illa et ex illis ipse fit.

(50) Deinde istud quod dicis iam perfecti viri est ac summam consecuti felicitatis humanae. Ad haec autem tarde pervenitur; interim etiam inperfecto sed proficienti demonstranda est in rebus agendis via. Hanc forsitan etiam sine admonitione dabit sibi ipsa sapientia, quae iam eo perduxit animum ut moveri nequeat nisi in rectum. Inbecillioribus quidem ingeniis necessarium est aliquem praeire: 'Hoc vitabis, hoc facies.'

(48) „Die Philosophie", sagt er, „wird in folgende Hälften geteilt: Wissen und Geisteshaltung; denn derjenige, der gelernt und begriffen hat, was man tun und was man vermeiden muss, ist noch nicht weise, wenn sein Charakter nicht dem Gelernten gemäß geformt wurde. Der dritte Teil, der des Unterrichtens, besteht aus beiden: sowohl aus philosophischen Lehrsätzen als auch dem erworbenen Verhalten; daher ist er zur Vollendung der sittlichen Vollkommenheit, für welche die beiden vorgenannten [bereits] genügen, überflüssig.

(49) Nach diesem Maßstab ist Trost also überflüssig (denn auch er beruht auf den beiden) und ebenso die Ermahnung und der Rat und die Darlegung eines Beweises; auch diese geht nämlich aus einer wohlgeordneten und gesunden Geisteshaltung hervor. Aber obwohl sich die genannten aufgrund einer vortrefflichen Geisteshaltung einstellen, beruht eine vortreffliche Geisteshaltung auf diesen; sie bringt sie hervor und wird selbst aus ihnen hervorgebracht.

(50) Alsdann besitzt ein vollkommener Mann, der den Gipfel der menschlichen Glückseligkeit erreicht hat, bereits das, was du ansprichst. Dahin gelangt man jedoch [nur] allmählich; unterdessen muss auch dem Unvollkommen, aber Voranschreitendem bezüglich seines Handelns der rechte Weg gewiesen werden. Auf diesen wird sich die Weisheit, die den Geist schon so weit geführt hat, dass er sich nur zum sittlich Guten hin bewegen kann, wohl auch von sich aus ohne Ermahnung begeben. Für die kraftloseren Naturen ist es allerdings erforderlich, doch manches anzuordnen: „Dieses hier meide, dieses hier tue."

(51) Praeterea si expectat tempus quo per se sciat quid optimum factu sit, interim errabit et errando inpedietur quominus ad illud perveniat quo possit se esse contentus; regi ergo debet dum incipit posse se regere. Pueri ad praescriptum discunt; digiti illorum tenentur et aliena manu per litterarum simulacra ducuntur, deinde imitari iubentur proposita et ad illa reformare chirographum: sic animus noster, dum eruditur ad praescriptum, iuvatur.

(52) Haec sunt per quae probatur hanc philosophiae partem supervacuam non esse. Quaeritur deinde an ad faciendum sapientem sola sufficiat. Huic quaestioni suum diem dabimus: interim omissis argumentis nonne apparet opus esse nobis aliquo advocato qui contra populi praecepta praecipiat?

(53) Nulla ad aures nostras vox inpune perfertur: nocent qui optant, nocent qui execrantur. Nam et horum inprecatio falsos nobis metus inserit et illorum amor male docet bene optando; mittit enim nos ad longinqua bona et incerta et errantia, cum possimus felicitatem domo promere.

(51) Wenn er überdies einen Zeitpunkt erhofft, ab dem er von selbst weiß, was am besten zu tun ist, wird er zwischenzeitlich von der Wahrheit abirren und durch sein Abirren gehindert werden, dorthin zu gelangen, wo er mit sich zufrieden zu sein vermag; also muss er geleitet werden, bis er sich anschickt, sich selbst leiten zu können. Kinder lernen nach Vorschrift, ihre Finger werden gehalten und von fremder Hand über die Abbildungen von Buchstaben geführt, dann werden sie aufgefordert, die Vorlagen nachzuahmen und gemäß diesen die eigene Handschrift zu verbessern: auf diese Weise, indem er nach Vorschrift unterwiesen wird, wird unser Geist gefördert.

(52) Dies sind Überlegungen, die glaubhaft machen, dass dieser Teil der Philosophie nicht überflüssig ist. Fernerhin wird untersucht, ob er allein ausreichend ist, um einen Weisen hervorzubringen. Dieser Frage werden wir uns an einem geeigneten Tag widmen: weil die Beweisführungen beiseite gelassen wurden, ist es unterdessen doch wohl offenkundig, dass wir einen Beistand benötigen, der uns entgegen den Vorschriften des Volkes Vorschriften erteilt.

(53) Keine Stimme wird ohne Gefahr an unsere Ohren dringen: diejenigen, die [Gutes] wünschen, richten Unheil an, diejenigen, die Verwünschungen ausstoßen, richten Unheil an. Denn eine Verwünschung der letzteren pflanzt uns unbegründete Ängste ein und die Liebe der ersteren lehrt Schlechtes, indem sie Gutes wünscht; sie schickt uns nämlich los zu entfernten, [und] unsicheren und unsteten Gütern, obwohl wir das Glück zu Hause hervorbringen könnten.

(54) Non licet, inquam, ire recta via; trahunt in pravum parentes, trahunt servi. Nemo errat uni sibi, sed dementiam spargit in proximos accipitque invicem. Et ideo in singulis vitia populorum sunt quia illa populus dedit. Dum facit quisque peiorem, factus est; didicit deteriora, dein docuit, effectaque est ingens illa nequitia congesto in unum quod cuique pessimum scitur.

(55) Sit ergo aliquis custos et aurem subinde pervellat abigatque rumores et reclamet populis laudantibus. Erras enim si existimas nobiscum vitia nasci: supervenerunt, ingesta sunt. Itaque monitionibus crebris opiniones quae nos circumsonant repellantur.

(54) Es ist uns nicht möglich, behaupte ich, auf direktem Wege loszumarschieren; die Eltern, die Diener verleiten uns zu den verkehrten Dingen. Niemand irrt für sich allein, sondern verbreitet seinen Unverstand unter seinen Nächsten und nimmt ihn wechselseitig [auch] entgegen. Und es finden sich daher in den Einzelnen die schlechten Eigenschaften der Massen, weil die Masse sie ihnen eingeflößt hat. Indem jeder Einzelne einen schlechteren Menschen hervorbrachte, ist er es selbst geworden; er hat Schlechteres gelernt, dann gelehrt, und durch die Ansammlung von dem, was für den Einzelnen als außerordentlich schlecht erkannt wird, in einem Ganzen, wurde jene ungeheure Dekadenz hervorgebracht.

(55) Folglich sollte irgendjemand über uns wachen und uns immer wieder [an das Richtige] erinnern, [und] die Gerüchte verbannen und den Lob spendenden Massen laut widersprechen. Du irrst dich nämlich, wenn du glaubst, dass wir mit unseren schlechten Eigenschaften geboren werden: sie kommen über uns, sind uns aufgedrängt worden. Daher können die Meinungen, die rings um uns ertönen, durch fortgesetzte Ermahnungen ferngehalten werden.

(56) Nulli nos vitio natura conciliat: illa integros ac liberos genuit. Nihil quo avaritiam nostram inritaret posuit in aperto: pedibus aurum argentumque subiecit calcandumque ac premendum dedit quidquid est propter quod calcamur ac premimur. Illa vultus nostros erexit ad caelum et quidquid magnificum mirumque fecerat videri a suspicientibus voluit: ortus occasusque et properantis mundi volubilem cursum, interdiu terrena aperientem, nocte caelestia, tardos siderum incessus si compares toti, citatissimos autem si cogites quanta spatia numquam intermissa velocitate circumeant, defectus solis ac lunae invicem obstantium, alia deinceps digna miratu, sive per ordinem subeunt sive subitis causis mota prosiliunt, ut nocturnos ignium tractus et sine ullo ictu sonituque fulgores caeli patescentis columnasque ac trabes et varia simulacra flammarum.

(57) Haec supra nos natura disposuit, aurum quidem et argentum et propter ista numquam pacem agens ferrum, quasi male nobis committerentur, abscondit. Nos in lucem propter quae pugnaremus extulimus, nos et causas periculorum nostrorum et instrumenta disiecto terrarum pondere eruimus, nos fortunae mala nostra tradidimus nec erubescimus summa apud nos haberi quao fuorant ima terrarum

(56) Die Natur verleitet uns zu keiner Verfehlung: sie hat uns unverdorben und frei erschaffen. Nichts hat sie angelegt, wodurch sie unsere Habgier reizen könnte: Gold und Silber hat sie uns unter die Füße gelegt und was auch immer es gibt, weswegen wir verachtet und unterdrückt werden, überlässt sie uns, um es [unsererseits] zu verachten und zu unterdrücken. Sie lässt uns unsere Blicke zum Himmel erheben und wollte, dass alles was sie an Großartigem und Wunderbarem geschaffen hat, von denen, die aufblicken, betrachtet wird: die Auf- und Untergänge der Gestirne und den unbeständigen Lauf der eilenden Welt, der bei Tage das Irdische enthüllt, bei Nacht das Himmlische, das Dahinziehen der Sterne, langsam, wenn man das Ganze vergleichend betrachtet, sehr schnell jedoch, wenn man bedenkt, welche große Weiten sie mit niemals nachlassender Geschwindigkeit durchwandern, die Verfinsterung von Sonne und Mond, wenn sie einander gegenüberstehen, sodann [alle] anderen bewunderungswürdigen Dinge, sei es, dass sie der Reihe nach herannahen, sei es, dass sie, von unerwarteten Ursachen getrieben, hervorschießen – zum Beispiel nächtliche Feuerzüge und das Wetterleuchten des sich öffnenden Himmels ohne irgendeinen Blitz- und Donnerschlag und Feuersäulen und Feuerbalken und verschiedenste Flammengebilde.

(57) Diese Dinge hat die Natur über uns hinaus bereit gestellt, allerdings hat sie das Gold und das Silber und das, was derentwegen niemals Frieden hält, das Eisen, verborgen, als wenn sie uns kaum nur anvertraut werden sollten. [Aber] wir haben ans Licht gebracht, weswegen wir in Streit geraten sollten, wir haben sowohl die Ursachen als auch die Werkzeuge unserer Gefahren in der zerstreuten Erdmasse aufgestöbert, wir haben unser Verderben dem Schicksal preisgegeben und wir schämen uns nicht, dass bei uns als das Höchste betrachtet wird, was sich im Untersten der Erde befunden hatte.

(58) Vis scire quam falsus oculos tuos deceperit fulgor? Nihil est istis quamdiu mersa et involuta caeno suo iacent foedius, nihil obscurius. Quidni? Quae per longissimorum cuniculorum tenebras extrahuntur; nihil est illis dum fiunt et a faece sua separantur informius. Denique ipsos opifices intuere per quorum manus sterile terrae genus et infernum perpurgatur: videbis quanta fuligine oblinantur.

(59) Atqui ista magis inquinant animos quam corpora, et in possessore eorum quam in artifice plus sordium est. Necessarium itaque admoneri est, habere aliquem advocatum bonae mentis et in tanto fremitu tumultuque falsorum unam denique audire vocem. Quae erit illa vox? Ea scilicet quae tibi tantis clamoribus ambitionis exsurdato salubria insusurret verba, quae dicat:

(60) non est quod invideas istis quos magnos felicesque populus vocat, non est quod tibi compositae mentis habitum et sanitatem plausus excutiat, non est quod tibi tranquillitatis tuae fastidium faciat ille sub illis fascibus purpura cultus, non est quod feliciorem eum iudices cui summovetur quam te quem lictor semita deicit. Si vis exercere tibi utile, nulli autem grave imperium, summove vitia.

(58) Du willst wissen, wie sehr ein falscher Glanz deine Augen täuscht? Nichts ist scheußlicher, nichts dunkler als dieses [Zeug], solange es versteckt und verhüllt in seinem Schlamm liegt. Warum das so ist? Es wird durch die Finsternis von endlos langen Stollen herausgeschleppt; nichts ist unförmiger als dieses, während es bearbeitet und von seinem Bodensatz getrennt wird. Betrachte schließlich die Arbeiter selbst, durch deren Hände die unfruchtbare und zur Unterwelt gehörige Art von Erdreich gereinigt wird: du wirst sehen, mit wie viel Ruß sie besudelt werden.

(59) Und doch verunreinigen sie mehr die Seelen als die Körper, und bei deren Besitzern findet sich eine größere schmutzige Habgier als bei dem Arbeiter. Deshalb ist es notwendig, daran erinnert zu werden, irgendeinen Beistand mit geeignetem Charakter [an seiner Seite] zu haben und in dem ganzen Getöse und Trubel der Unwahrheiten wenigstens die eine Stimme zu vernehmen. Welche Stimme das sein wird? Selbstverständlich diejenige, die dir, abgestumpft von dem so großen Getöse, heilsame Worte einflüstert, die sagt:

(60) es gibt keinen Grund, dass du diejenigen beneidest, die das Volk bedeutend und glücklich nennt, es gibt keinen Grund, dass dir [deren] Beifall deine ruhige Geisteshaltung und deine Gesundheit austreibt, es gibt keinen Grund, dass dir jener, hinter diesen Rutenbündeln mit Purpur geschmückt, Verachtung vor deinem Seelenfrieden hervorruft, es gibt keinen Grund, dass du denjenigen für glücklicher hältst, dem Platz gemacht wird, als dich selbst, den der Liktor vom Weg abdrängt. Wenn du eine für dich nützliche, jedoch für keinen schwer zu ertragende Herrschaft ausüben willst, lass deine schlechten Eigenschaften nicht zu.

(61) Multi inveniuntur qui ignem inferant urbibus, qui inexpugnabilia saeculis et per aliquot aetates tuta prosternant, qui aequum arcibus aggerem attollant et muros in miram altitudinem eductos arietibus ac machinis quassent. Multi sunt qui ante se agant agmina et tergis hostium [et] graves instent et ad mare magnum perfusi caede gentium veniant, sed hi quoque, ut vincerent hostem, cupiditate victi sunt. Nemo illis venientibus restitit, sed nec ipsi ambitioni crudelitatique restiterant; tunc cum agere alios visi sunt, agebantur.

(62) Agebat infelicem Alexandrum furor aliena vastandi et ad ignota mittebat. An tu putas sanum qui a Graeciae primum cladibus, in qua eruditus est, incipit? Qui quod cuique optimum est eripit, Lacedaemona servire iubet, Athenas tacere? Non contentus tot civitatium strage, quas aut vicerat Philippus aut emerat, alias alio loco proicit et toto orbe arma circumfert; nec subsistit usquam lassa crudelitas inmanium ferarum modo quae plus quam exigit fames mordent.

(61) Es lassen sich viele finden, die Städte in Brand stecken, die geschützte Orte, seit Jahrhunderten unüberwindlich und über etliche Lebensalter hinweg sicher, gewaltsam niederwerfen, die Belagerungsdämme ebenso hoch wie die Festungen auftürmen und mit Rammböcken und Belagerungsmaschinen die in bewundernswerter Höhe aufgezogenen Mauern zerschmettern. Es gibt viele, die Heerscharen vor sich hertreiben und die Feinde von hinten hart bedrängen und, gebadet im Blut der Völker, womöglich zum großen Meer gelangen, aber auch diese wurden, selbst wenn sie den Feind besiegt hatten, von der Habsucht überwältigt. Niemand leistete den Herannahenden Widerstand, aber auch sie selbst hatten der Ruhmsucht und der Unbarmherzigkeit keinen Widerstand geleistet; dann, wenn sie andere zu quälen schienen, wurden sie selbst gequält.

(62) Eine blinde Leidenschaft trieb den unglücklichen Alexander dazu, fremden Grund und Boden zu verwüsten, und schickte ihn ins Unbekannte. Oder hältst du etwa einen für bei Verstand, der mit den Verwüstungen zuerst in Griechenland beginnt, wo er ausgebildet worden ist? Der das fortnimmt, was jedem als das Höchste gilt: den Spartaner auferlegt zu dienen, den Athenern zu schweigen? Sich mit der Unterwerfung so vieler Städte nicht begnügend, die Phillip entweder bezwungen oder gekauft hatte, wirft er andere anderswo nieder und trägt den Krieg in die ganze Welt; und wie bei grausamen [und] wilden Tieren, die öfter angreifen, als es der Hunger verlangt, macht seine Erbarmungslosigkeit nirgendswo ermattet Halt.

(63) Iam in unum regnum multa regna coniecit, iam Graeci Persaeque eundem timent, iam etiam a Dareo liberae nationes iugum accipiunt; it tamen ultra oceanum solemque, indignatur ab Herculis Liberique vestigiis victoriam flectere, ipsi naturae vim parat. Non ille ire vult, sed non potest stare, non aliter quam in praeceps deiecta pondera, quibus eundi finis est iacuisse.

(64) Ne Gnaeo quidem Pompeio externa bella ac domestica virtus aut ratio suadebat, sed insanus amor magnitudinis falsae. Modo in Hispaniam et Sertoriana arma, modo ad colligandos piratas ac maria pacanda vadebat: hae praetexebantur causae ad continuandam potentiam.

(65) Quid illum in Africam, quid in septentrionem, quid in Mithridaten et Armeniam et omnis Asiae angulos traxit? Infinita scilicet cupido crescendi, cum sibi uni parum magnus videretur. Quid C. Caesarem in sua fata pariter ac publica inmisit? Gloria et ambitio et nullus supra ceteros eminendi modus. Unum ante se ferre non potuit, cum res publica supra se duos ferret.

(66) Quid, tu C. Marium semel consulem (unum enim consulatum accepit, ceteros rapuit), cum Teutonos Cimbrosque concideret, cum Iugurtham per Africae deserta sequeretur, tot pericula putas adpetisse virtutis instinctu? Marius exercitus, Marium ambitio ducebat.

(63) Schon hat er viele Herrschaften zu einer einzigen [Herrschaft] zusammengeführt, schon befürchten Griechen und Perser dasselbe, schon empfangen selbst die von Dareios unabhängigen Völkerschaften das Sklavenjoch; dennoch stürmt er weiter hinaus zum Ozean und zur Sonne hin, hält es für unwürdig, sich im Sieg von den Spuren des Herkules und des Liber abzuwenden, selbst der Natur tut er Gewalt an. Er will nicht weitergehen, doch er kann nicht stehenbleiben, nicht anders als in den Abgrund herabgeworfene Gewichte, die erst aufhören zu fallen, wenn sie auf den Boden aufschlagen.

(64) Selbst dem Gnaeus Pompeius rieten nicht Sittlichkeit und Vernunft zu seinen Kriegen im In- und Ausland, sondern ein unvernünftiger Drang nach falscher Größe. Bald brach er auf nach Spanien und gegen die Heeresmacht des Sertorius, bald, um die Piraten zusammenzutreiben und die Meere zu befrieden: [aber] diese Gründe wurden von ihm als Vorwand gebraucht, um seinen politischen Einfluss weiter auszubauen.

(65) Was hat ihn nach Afrika gezogen, was in den Norden, was gegen Mithridates und nach Armenien und in alle Winkel Asiens? Natürlich sein grenzenloses Verlangen, Macht zu gewinnen, obgleich nur er sich für nicht groß genug hielt. Was hat Gaius Iulius Caesar in gleicher Weise in sein eigenes Verderben wie in das des Staates getrieben? Ruhmsucht und Ehrgeiz und keinerlei Maß darin, über andere hinauszuragen. Nicht einen einzigen konnte er vor sich ertragen, während dagegen die Republik zwei über sich ertrug.

(66) Was, du glaubst, dass Gaius Marius, Konsul [nur] ein einziges Mal (ein Konsulat hat er nämlich empfangen, die übrigen Male hat er es an sich gerissen), als er die Teutonen und die Kimber vernichtete, als er Jugurtha durch die Wüsten Afrikas verfolgte, so viele Gefahren angegangen ist aufgrund einer Eingebung der Sittlichkeit? Marius trieb die Heere an, der Ehrgeiz den Marius.

(67) Isti cum omnia concuterent, concutiebantur turbinum more, qui rapta convolvunt sed ipsi ante volvuntur et ob hoc maiore impetu incurrunt quia nullum illis sui regimen est, ideoque, cum multis fuerunt malo, pestiferam illam vim qua plerisque nocuerunt ipsi quoque sentiunt. Non est quod credas quemquam fieri aliena infelicitate felicem.

(68) Omnia ista exempla quae oculis atque auribus nostris ingeruntur retexenda sunt, et plenum malis sermonibus pectus exhauriendum; inducenda in occupatum locum virtus, quae mendacia et contra verum placentia exstirpet, quae nos a populo cui nimis credimus separet ac sinceris opinionibus reddat. Hoc est enim sapientia, in naturam converti et eo restitui unde publicus error expulerit.

(69) Magna pars sanitatis est hortatores insaniae reliquisse et ex isto coitu invicem noxio procul abisse. Hoc ut esse verum scias, aspice quanto aliter unusquisque populo vivat, aliter sibi. Non est per se magistra innocentiae solitudo nec frugalitatem docent rura, sed ubi testis ac spectator abscessit, vitia subsidunt, quorum monstrari et conspici fructus est.

(67) Während sie alles erschüttert haben, wurden [auch] sie wie von Wirbelstürmen durchgeschüttelt, die das, was sie mit sich reißen, im Kreise umherschleudern, sich jedoch schon vorher [um sich selbst] drehen und [gerade] deswegen mit umso größerer Gewalt heranstürmen, weil sie sich selbst keine Richtung vorgeben können, und dadurch, dass sie vielen [Menschen] zum Verderben gereicht haben, empfinden sie auch selbst jenen schädlichen Einfluss, mit dem sie so vielen geschadet haben. Es gibt keinen Grund zu glauben, dass irgendjemand durch das Unglück anderer glücklich wird.

(68) Diese ganzen Beispiele, die unseren Augen und Ohren aufgedrängt werden, muss man erneuern, und den vom üblen Gerede erfüllten Geist entleeren; an in die Besitz genommene Stelle muss die Sittlichkeit hineingebracht werden, die die Lügen und das, was der Wahrheit zuwider Beifall findet, ausrotten, die uns von der Menge, der wir zu sehr vertrauen, trennen und die uns unsere unverdorbenen Ansichten zurückgeben soll. Denn das ist Weisheit, sich der Natur zuzuwenden und sich dorthin zurückzuversetzen, von wo uns der allgemeine Irrsinn vertrieben hat.

(69) Ein Großteil der Vernunft beruht darauf, diejenigen, die zur Unvernunft ermuntern, hinter sich gelassen zu haben und von einer solchen, für beide Seiten schädlichen Verbindung weggekommen zu sein. Um zu erkennen, dass dies wahr ist, schau dir an, wie viel anders ein jeder in der Menge lebt, wie viel anders für sich selbst. Alleinsein ist keine Lehrmeisterin an sich und Landgüter lehren keine Wirtschaftlichkeit, sondern wo ein Zeuge und Beobachter wegfällt, schwächen sich die Laster ab, die dadurch gewinnen, dass man auf sie hinweist und sie die Blicke auf sich ziehen.

(70) Quis eam quam nulli ostenderet induit purpuram? Quis posuit secretam in auro dapem? Quis sub alicuius arboris rusticae proiectus umbra luxuriae suae pompam solus explicuit? Nemo oculis suis lautus est, ne paucorum quidem aut familiarium, sed apparatum vitiorum suorum pro modo turbae spectantis expandit.

(71) Ita est: inritamentum est omnium in quae insanimus admirator et conscius. Ne concupiscamus efficies si ne ostendamus effeceris. Ambitio et luxuria et inpotentia scaenam desiderant: sanabis ista si absconderis.

(72) Itaque si in medio urbium fremitu conlocati sumus, stet ad latus monitor et contra laudatores ingentium patrimoniorum laudet parvo divitem et usu opes metientem. Contra illos qui gratiam ac potentiam attollunt otium ipse suspiciat traditum litteris et animum ab externis ad sua reversum.

(73) Ostendat ex constitutione vulgi beatos in illo invidioso fastigio suo trementis et attonitos longeque aliam de se opinionem habentis quam ab aliis habetur; nam quae aliis excelsa videntur ipsis praerupta sunt. Itaque exanimantur et trepidant quotiens despexerunt in illud magnitudinis suae praeceps; cogitant enim varios casus et in sublimi maxime lubricos.

(70) Wer hat [je] ein Purpurgewand angelegt, das er keinen sehen lassen wollte? Wer hat seine Speise [je] für sich allein auf goldenem Geschirr aufgetragen? Wer hat [je], auf dem Lande im Schatten eines Baums ausgestreckt, allein den Prunk seines Überflusses ausgebreitet? Niemand putzt sich für die eigenen Augen im Bad heraus, nicht einmal für die einiger weniger oder die der Familie, sondern er breitet die Pracht seiner Laster nach der Größe der Menschenmenge aus, die ihn bestaunt.

(71) Es ist so: der Bewunderer und der Mitwisser sind die Triebfeder zu allem, auf das wir ganz verrückt sind. Dass wir kein Begehr hegen, wirst du erreichen, wenn du es fertig bringst, dass wir uns nicht zur Schau stellen. Ehrgeiz und Prunkliebe und Zügellosigkeit sehnen sich nach der Bühne: du wirst sie beseitigen, wenn du sie verbirgst.

(72) Wenn wir inmitten des städtischen Getöses Quartier bezogen haben, sollte daher ein Mahner an unserer Seite stehen und entgegen denen, die ungeheures Besitztum loben, denjenigen preisen, der [sich] mit Wenigem reich [fühlt] und den Reichtum nach seiner Nützlichkeit bemisst. Entgegen jenen, die Gefälligkeit und Macht hervorheben, sollte er selbst die für die Wissenschaft zugestandene Muße und den von den äußeren Dingen der Welt zu sich selbst zurückgekehrten Geist hochachten.

(73) Er sollte uns die Glücklichen sehen lassen (nach der Begriffsbestimmung des einfachen Volkes), die in ihrer beneidenswert hohen Stellung, zitternd und in Bestürzung versetzt, eine weit andere Meinung von sich selbst haben, als die anderen über sie [haben]; denn das, was den anderen als hoher Gipfel erscheint, ist für sie selbst ein schroffer Abgrund. Deshalb werden sie des Atems beraubt und geraten in Unruhe, sooft sie in jenen Abgrund ihrer Größe herabblicken; sie denken nämlich über die vielfältigen und in großer Höhe ganz besonders gefährlichen Absturzmöglichkeiten nach.

(74) Tunc adpetita formidant et quae illos graves aliis reddit gravior ipsis felicitas incubat. Tunc laudant otium lene et sui iuris, odio est fulgor et fuga a rebus adhuc stantibus quaeritur. Tunc demum videas philosophantis metu et aegrae fortunae sana consilia. Nam quasi ista inter se contraria sint, bona fortuna et mens bona, ita melius in malis sapimus: secunda rectum auferunt. Vale.

(74) In diesem Augenblick empfinden sie Grausen vor dem, was sie erstrebten, und ihr Glück, das sie für andere unerträglich gemacht hat, lastet drückender auf ihnen selbst. In diesem Augenblick preisen sie die ruhige Mußezeit und die Unabhängigkeit, verhasst ist der Ruhm und es wird eine Gelegenheit zur Flucht aus den Verhältnissen gesucht, an denen sie bisher unerschütterlich festhielten. In diesem Augenblick schließlich erkennt man diejenigen, die aus Furcht philosophieren, und zugleich die vernünftigen Vorsätze eines erschöpften Glücks. Denn wie ein gewogenes Schicksal und ein gutes Denkvermögen einander feindselig gegenüber stehen, so gebrauchen wir unseren Verstand besser in der Not: glückliche Umstände raffen das sittliche Gute dahin. Lebe wohl.

———

Liber XV – Epistula XCV

Seneca Lucilio suo Salutem,

(1) Petis a me ut id quod in diem suum dixeram debere differri repraesentem et scribam tibi an haec pars philosophiae quam Graeci paraeneticen vocant, nos praeceptivam dicimus, satis sit ad consummandam sapientiam. Scio te in bonam partem accepturum si negavero. Eo magis promitto et verbum publicum perire non patior: 'Postea noli rogare quod inpetrare nolueris.'

(2) Interdum enim enixe petimus id quod recusaremus si quis offerret. Haec sive levitas est sive vernilitas punienda est promittendi facilitate. Multa videri volumus velle sed nolumus. Recitator historiam ingentem attulit minutissime scriptam, artissime plictam, et magna parte perlecta 'desinam', inquit, 'si vultis': adclamatur 'recita, recita' ab iis qui illum ommutescere illic cupiunt. Saepe aliud volumus, aliud optamus, et verum ne dis quidem dicimus, sed dii aut non exaudiunt aut miserentur.

Buch 15 – Brief 95

Seneca grüßt seinen Lucilius,

(1) Du wünschst von mir, dir dasjenige sogleich vorzustellen, von dem ich gesagt hatte, dass es auf einen geeigneten Tag verschoben werden muss, und dir zu schreiben, ob dieser Teil der Philosophie, den die Griechen den paränetischen nennen, wir sprechen von dem praezeptiven, ausreichend sei, um Weisheit zu erlangen. Ich weiß, dass du es gelten lassen würdest, wenn ich es abschlage. Umso lieber sage ich zu und lasse nicht geschehen, dass ein gebräuchliches Sprichwort verloren geht: „Sodann erbitte ja nicht, was du nicht [wirklich] erlangen willst."

(2) Manchmal erbitten wir nämlich inständig das, was wir ausschlagen würden, wenn man es uns anböte. Sei es Leichtsinn oder sei es kriecherische Freundlichkeit, ein solches muss mit der Gefälligkeit einer Zusage bestraft werden. Vieles meinen wir anscheinend zu wollen, das wir [gar] nicht wollen. Ein Vorleser hat ein überaus umfangreiches Geschichtswerk mitgebracht, sehr klein geschrieben, sehr eng zusammengerollt, und, nachdem er einen Großteil vorgetragen hat, sagt er: „Wenn ihr wollt, werde ich aufhören": „Lies weiter, lies weiter", wird ihm von denen zugerufen, die sich wünschen, dass er auf der Stelle schweigt. Oft wollen wir das eine, wünschen das andere, und die Wahrheit sagen wir nicht einmal den Göttern, doch entweder erhören uns die Götter nicht oder sie erbarmen sich unserer.

(3) Ego me omissa misericordia vindicabo et tibi ingentem epistulam inpingam, quam tu si invitus leges, dicito: 'Ego mihi hoc contraxi', teque inter illos numera quos uxor magno ducta ambitu torquet, inter illos quos divitiae per summum adquisitae sudorem male habent, inter illos quos honores nulla non arte atque opera petiti discruciant, et ceteros malorum suorum compotes.

(4) Sed ut omisso principio rem ipsam adgrediar: 'Beata', inquiunt, 'vita constat ex actionibus rectis; ad actiones rectas praecepta perducunt; ergo ad beatam vitam praecepta sufficiunt.' Non semper ad actiones rectas praecepta perducunt, sed cum obsequens ingenium est; aliquando frustra admoventur, si animum opiniones obsident pravae.

(5) Deinde etiam si recte faciunt, nesciunt facere se recte. Non potest enim quisquam nisi ab initio formatus et tota ratione compositus omnis exsequi numeros ut sciat quando oporteat et in quantum et cum quo et quemadmodum et quare. Non potest toto animo ad honesta conari, ne constanter quidem aut libenter, sed respiciet, sed haesitabit.

(6) 'Si honesta', inquit, 'actio ex praeceptis venit, ad beatam vitam praecepta abunde sunt: atqui est illud, ergo et hoc.' His respondebimus actiones honestas et praeceptis fieri, non tantum praeceptis.

(3) Ich werde die Barmherzigkeit zurückstellen, meine Verbindlichkeiten erfüllen und dir einen überaus umfangreichen Brief aufnötigen; wenn du ihn mit Widerwillen liest, kannst du sagen: „Das habe ich mir selbst zugefügt", und zähl dich [dann] zu jenen, die von ihrer Frau geplagt werden, die sie mit großem Ehrgeiz verführt haben, zu jenen, denen ihr Reichtum übel mitspielt, den sie unter größter Anstrengung erworben haben, zu jenen, die von ihren Ehrenämter gepeinigt werden, die mit Geschick und Anstrengung angestrebt wurden, und zu den übrigen, die in den Genuss ihrer Missgeschicke kommen.

(4) Aber, um die Grundlage[n] beiseite zu lassen und [gleich] zur Sache zu kommen: „Ein glückliches Leben", wird gesagt, „beruht auf sittlich guten Handlungen; Anweisungen führen zu sittlich guten Handlungen; folglich reichen Anweisungen für ein glückliches Leben aus." Nicht immer führen Anweisungen zu sittlich guten Handlungen, sondern [nur], wenn der Geist Folge leistet; manchmal werden sie vergebens hinzugezogen, wenn verkehrte Vorstellungen den Geist besetzt halten.

(5) Als Nächstes: selbst wenn man sittlich richtig handelt, weiß man nicht, dass man sittlich richtig handelt. Niemand kann nämlich, wenn er nicht von Anfang an unterwiesen und durch vollständige theoretische Kenntnis gebildet wurde, alle Regeln [derart] nachvollziehen, dass er weiß, wann und inwieweit und mit wem und auf welche Weise und weshalb sich etwas gebührt. Er kann sich [daher] nicht mit ganzem Herzen am sittlich Guten versuchen, nicht einmal ausdauernd und bereitwillig, sondern er wird zurückblicken, sondern er wird zweifeln.

(6) „Wenn sittlich gutes Handeln aus den Anweisungen hervorgeht", heißt es, „sind Anweisungen für ein glückliches Leben mehr als genug: ersteres ist nun aber der Fall, also auch letzteres." Darauf werden wir erwidern, dass sittlich gutes Handeln *auch* aufgrund von Anweisungen bewirkt werden, nicht *nur* aufgrund der Anweisungen.

(7) 'Si aliae', inquit, 'artes contentae sunt praeceptis, contenta erit et sapientia; nam et haec ars vitae est. Atqui gubernatorem facit ille qui praecipit: "Sic move gubernaculum, sic vela summitte, sic secundo vento utere, sic adverso resiste, sic dubium communemque tibi vindica." Alios quoque artifices praecepta conformant; ergo in hoc idem poterunt artifice vivendi.'

(8) Omnes istae artes circa instrumenta vitae occupatae sunt, non circa totam vitam; itaque multa illas inhibent extrinsecus et inpediunt, spes, cupiditas, timor. At haec quae artem vitae professa est nulla re quominus se exerceat vetari potest; discutit enim inpedimenta et iactat obstantia. Vis scire quam dissimilis sit aliarum artium condicio et huius? In illis excusatius est voluntate peccare quam casu, in hac maxima culpa est sponte delinquere.

(9) Quod dico tale est. Grammaticus non erubescet soloecismo si sciens fecit, erubescet si nesciens; medicus si deficere aegrum non intellegit, quantum ad artem magis peccat quam si se intellegere dissimulat: at in hac arte vivendi turpior volentium culpa est. Adice nunc quod artes quoque pleraeque – immo ex omnibus liberalissimae – habent decreta sua, non tantum praecepta, sicut medicina; itaque alia est Hippocratis secta, alia Asclepiadis, alia Themisonis.

(7) „Wenn die anderen Künste mit Anweisungen zufrieden sind", sagt man, „wird auch die Weisheit damit zufrieden sein: denn sie ist die Kunst des Lebens: zum Steuermann macht nun einmal derjenige, der Weisung erteilt: ‚So bewege das Steuer hin und her, so hole das Segel ein, so nutze den günstigen Wind, so widerstehe dem entgegenbrausenden, so mach dir den wechselhaften und gewöhnlichen zunutze.' Anweisungen schulen auch die anderen Künstler; folglich vermögen sie dasselbe auch bei dem genannten Künstler des Lebens."

(8) Alle diese Künste sind mit den Hilfsmitteln des Leben beschäftigt, nicht mit dem Leben in Gänze. Daher hemmt und hindert sie vieles von außen, Hoffnung, Habsucht, Furcht. Aber die uns beschäftigende, die offenkundig eine Lebenskunst ist, kann durch nichts daran gehindert werden, dass sie ohne Rast sich übt; Hemmnisse beseitigt sie nämlich und das, was ihr hinderlich ist, wirft sie ab. Willst du wissen, wie sich die Situation der anderen Künste von dieser unterscheidet? Mit Absicht einen Fehler zu begehen, ist bei den ersteren eher entschuldbar als durch Zufall, bei letzterer besteht die größte Schuld darin, aus eigenem Willen den rechten Weg zu verlassen.

(9) Was ich meine, ist Folgendes. Ein Grammatiklehrer wird sich für eine falsche syntaktische Verbindung der Wörter nicht schämen, wenn er sie sachkundig durchgeführt hat, schämen wird er sich, wenn er es nicht konnte; ein Arzt, wenn er nicht bemerkt, dass ein Kranker im Sterben liegt, begeht hinsichtlich seiner Kunstfertigkeit im höheren Grade eine Verfehlung, als wenn er sich nicht anmerken lässt, dass er es bemerkt hat: in der Kunst zu leben, ist eine absichtliche Verfehlung dagegen schändlicher. Füge nun hinzu, dass auch die Kunstfertigkeiten in der Mehrzahl – ja gewiss von allen die vornehmsten – eigene Lehrsätze besitzen, nicht nur Anweisungen, wie zum Beispiel die Medizin; daher gibt es den einen Lehrsatz von Hippokrates, den anderen von Asklepiades, wieder einen anderen von Themison.

(10) Praeterea nulla ars contemplativa sine decretis suis est, quae Graeci vocant dogmata, nobis vel decreta licet appellare vel scita vel placita; quae et in geometria et in astronomia invenies. Philosophia autem et contemplativa est et activa: spectat simul agitque. Erras enim si tibi illam putas tantum terrestres operas promittere: altius spirat. 'Totum', inquit, 'mundum scrutor nec me intra contubernium mortale contineo, suadere vobis aut dissuadere contenta: magna me vocant supraque vos posita.

(11) *Nam tibi de summa caeli ratione deumque*
disserere incipiam et rerum primordia pandam,
unde omnis natura creet res, auctet alatque,
quoque eadem rursus natura perempta resolvat,

ut ait Lucretius.' Sequitur ergo ut, cum contemplativa sit, habeat decreta sua.

(12) Quid quod facienda quoque nemo rite obibit nisi is cui ratio erit tradita qua in quaque re omnis officiorum numeros exsequi possit? Quos non servabit qui in rem praecepta acceperit, non in omne. Inbecilla sunt per se et, ut ita dicam, sine radice quae partibus dantur. Decreta sunt quae muniant, quae securitatem nostram tranquillitatemque tueantur, quae totam vitam totamque rerum naturam simul contineant. Hoc interest inter decreta philosophiae et praecepta quod inter elementa et membra: haec ex illis dependent, illa et horum causae sunt et omnium.

(10) Außerdem gibt es keine theoretische Kunst ohne eigene Anweisungen, welche die Griechen δόγ α nennen; uns steht es frei, sie als ‚decreta' zu bezeichnen oder ‚scita' oder ‚placita'; du wirst auch in der Geometrie und der Astronomie auf sie stoßen. Die Philosophie jedoch ist sowohl theoretisch als auch praktisch: sie betrachtet und handelt zugleich. Du irrst nämlich, wenn du glaubst, dass sie nur Dienste fürs Irdische verspricht: sie strebt nach Höherem. „Die ganze Weltordnung such ich zu erforschen", sagt sie, „und ich beschränke mich nicht auf das menschliche Zusammenleben, damit zufrieden gebend, euch anzuraten oder abzuraten: Bedeutendes und über euch hinaus Bestimmtes fordern mich heraus:

(11) *Denn über den obersten Beweggrund der Himmelswelt und der Götter werde ich mit dir zu sprechen beginnen und dir die Uranfänge des Universums kundtun,*
weswegen die Natur alle Dinge erschafft, bereichert und fördert,
dieselbe Natur, die nach ihrer Vernichtung sie auch wieder auflöst.

wie es Lukretius sagt." Weil sie eine theoretische Wissenschaft ist, folgt daraus, dass sie eigene Lehrsätze besitzt.

(12) Was ist, wenn jemand auch die Dinge, die getan werden müssen, nur gehörig erledigen wird, wenn ihm das, was zur Vernunft gereicht, [zuvor] gelehrt wurde, so dass er in jedem Fall alle Verpflichtungen vollständig auszuführen vermag? Für diese wird nicht Sorge tragen, wer Anweisungen [nur] für Einzelnes, nicht für alles erhält. Sie sind an sich unwirksam und welche, die sozusagen ohne Wurzel in Teilstücken überlassen werden. Es sind die Lehrsätze, die [uns] schützen, die unsere Gemütsruhe und unseren Seelenfrieden bewahren, die das ganze Leben und zugleich die Natur insgesamt umfassen. Es besteht derselbe Unterschied zwischen den Grundsätzen und den Anweisungen der Philosophie wie zwischen den Grundstoffen und den Körperteilen: letztere hängen von ersteren ab, sie sind sowohl deren als auch aller Dinge Ursache.

(13) 'Antiqua', inquit, 'sapientia nihil aliud quam facienda ac vitanda praecepit, et tunc longe meliores erant viri: postquam docti prodierunt, boni desunt; simplex enim illa et aperta virtus in obscuram et sollertem scientiam versa est docemurque disputare, non vivere.'

(14) Fuit sine dubio, ut dicitis, vetus illa sapientia cum maxime nascens rudis non minus quam ceterae artes quarum in processu subtilitas crevit. Sed ne opus quidem adhuc erat remediis diligentibus. Nondum in tantum nequitia surrexerat nec tam late se sparserat: poterant vitiis simplicibus obstare remedia simplicia. Nunc necesse est tanto operosiora esse munimenta quanto vehementiora sunt quibus petimur.

(15) Medicina quondam paucarum fuit scientia herbarum quibus sisteretur fluens sanguis, vulnera coirent; paulatim deinde in hanc pervenit tam multiplicem varietatem. Nec est mirum tunc illam minus negotii habuisse firmis adhuc solidisque corporibus et facili cibo nec per artem voluptatemque corrupto: qui postquam coepit non ad tollendam sed ad inritandam famem quaeri et inventae sunt mille conditurae quibus aviditas excitaretur, quae desiderantibus alimenta erant onera sunt plenis.

(13) „Die frühere Philosophie", sagt man, „lehrte nichts anderes als das, was getan und was vermieden werden muss, und [trotzdem] lebten damals weit tüchtigere Männer: seitdem die wissenschaftlich Gebildeten hervorgetreten sind, mangelt es an tüchtigen Männern; denn jene einfache und zugängliche Moral wurde in eine unverständliche und kunstfertige Wissenschaft verdreht, und man unterweist uns zu diskutieren, nicht zu leben."

(14) Ohne Zweifel war, wie ihr sagt, jene frühere Weisheit, die eben erst ihren Anfang nahm, nicht weniger ungeschliffen als die übrigen Kunstfertigkeiten, deren Genauigkeit während ihres Fortschreitens zugenommen hat. Aber man benötigte bis zu diesem Zeitpunkt auch keine vorsorglichen Heilmittel. Die Verdorbenheit hatte noch nicht so stark zugenommen und sich noch nicht so weit ausgebreitet: einfache Heilmittel waren in der Lage, einfachen Verfehlungen entgegenzutreten. Heutzutage muss es in dem Maße wirksamere Bollwerke geben, wie das, von dem wir bedroht werden, an Stärke gewinnt.

(15) Die Medizin beruhte einst auf der Kenntnis weniger Heilkräuter, mit denen der Blutfluss gehemmt werden, die Wunden sich schließen konnten; nach und nach gelangte man dann zu den heutigen so zahlreichen feinen Abstufungen [in dieser Wissenschaft]. Wegen der bis dahin kräftigen und robusten Körper und einer geeigneten Nahrung, die noch nicht durch Künstlichkeit und Genusssucht verdorben war, ist es auch nicht erstaunlich, dass sie damals weniger Aufgaben umfasste: seitdem man begonnen hat, nach irgendwelcher [Nahrung] zu suchen, nicht um den den Hunger zu stillen, sondern um ihn herbeizuführen, und folglich unzählige Zubereitungen ausfindig gemacht worden sind, mit denen der Appetit angeregt werden sollte, ist das, was für die Hungernden Nahrung war, für die Gesättigten eine Last.

(16) Inde pallor et nervorum vino madentium tremor et miserabilior ex cruditatibus quam ex fame macies; inde incerti labantium pedes et semper qualis in ipsa ebrietate titubatio; inde in totam cutem umor admissus distentusque venter dum male adsuescit plus capere quam poterat; inde suffusio luridae bilis et decolor vultus tabesque ~in se~ putrescentium et retorridi digiti articulis obrigescentibus nervorumque sine sensu iacentium torpor aut palpitatio [corporum] sine intermissione vibrantium.

(17) Quid capitis vertigines dicam? Quid oculorum auriumque tormenta et cerebri exaestuantis verminationes et omnia per quae exoneramur internis ulceribus adfecta? Innumerabilia praeterea febrium genera, aliarum impetu saevientium, aliarum tenui peste repentium, aliarum cum horrore et multa membrorum quassatione venientium?

(18) Quid alios referam innumerabiles morbos, supplicia luxuriae? Immunes erant ab istis malis qui nondum se delicis solverant, qui sibi imperabant, sibi ministrabant. Corpora opere ac vero labore durabant, aut cursu defatigati aut venatu aut tellure versanda; excipiebat illos cibus qui nisi esurientibus placere non posset. Itaque nihil opus erat tam magna medicorum supellectile nec tot ferramentis atque puxidibus. Simplex erat ex causa simplici valetudo. multos morbos multa fericula fooorunt.

(16) Daher die Blässe und das Zittern der vom Wein getränkten Muskeln und die Auszehrung, jämmerlicher wegen eines verdorbenen Magens als infolge von Hunger; daher der unsichere Gang eines Wankenden und das stete Stammeln wie bei der Trunkenheit selbst; daher die unter die Haut eingelassene Flüssigkeit und der angeschwollene Bauch, solange er noch schlecht daran gewöhnt war, mehr aufzunehmen, als er konnte; daher die Gelbsucht, [und] das verfärbte Gesicht, [und] das Siechtum des in sich Verfaulenden, [und] die verdorrten Finger aufgrund der versteifenden Gelenke, [und] die Lähmung der gefühllos darniederliegenden Muskeln oder das Zucken des ohne Unterlass zitternden Körpers.

(17) Wozu soll ich über Schwindelanfälle reden? Wozu über Augen- und Ohrenentzündungen und die kribbelnden Schmerzen des sich erhitzenden Gehirns und über all die von inneren Wunden geschwächten [Organe], mit denen wir uns erleichtern? Ferner über die zahllosen Arten von Fieberanfällen, die einen wütend im Ansturm, die anderen schleichend aufgrund einer einfachen ansteckenden Krankheit, wieder andere mit Fieberschauer und häufigem Schüttelfrost sich einstellend?

(18) Warum soll ich über die anderen unzähligen Krankheiten – Strafen der Genusssucht – berichten? Unberührt von diesen Übeln blieben diejenigen, die von den Genüssen noch nicht abgeschlafft waren, die sich beherrschten, die sich nicht bedienen ließen. Ihre Körper haben sie durch Anstrengung und mit echter Arbeit abgehärtet, wurden weder durch einen Wettlauf noch durch die Jagd noch durch das Pflügen des Bodens erschöpft; sie ertrugen Nahrung, die nur denen genügen konnte, die Hunger litten. Daher war eine übermäßige Ausstattung der Ärzte gar nicht nötig und auch nicht so viele Instrumente und Arzneibüchsen. Eine natürliche Gesundheit war aus einem einfachen Grund gegeben: die vielen Speisefolgen haben viele Krankheiten hervorgebracht.

(19) Vide quantum rerum per unam gulam transiturarum permisceat luxuria, terrarum marisque vastatrix. Necesse est itaque inter se tam diversa dissideant et hausta male digerantur aliis alio nitentibus. Nec mirum quod inconstans variusque ex discordi cibo morbus est et illa ex contrariis naturae partibus in eundem conpulsa <ventrem> redundant. Inde tam novo aegrotamus genere quam vivimus.

(20) Maximus ille medicorum et huius scientiae conditor feminis nec capillos defluere dixit nec pedes laborare: atqui et capillis destituuntur et pedibus aegrae sunt. Non mutata feminarum natura sed victa est; nam cum virorum licentiam aequaverint, corporum quoque virilium incommoda aequarunt.

(19) Schau, wie viel von dem, was die Kehle durchqueren soll, die Genussucht, die Verwüsterin von Ländern und Meeren, durcheinandermengt. Und so ist es unausweichlich, dass die unterschiedlichen [Speisen] einander widerstreben und, nachdem man sie verschlungen hat, schlecht verdaut werden, weil die einen den anderen entgegenarbeiten. Und es ist nicht verwunderlich, dass durch die unverträgliche Nahrung eine unberechenbare und launenhafte Krankheit entsteht und das, was aus den entgegengesetzten Gegenden der Welt in ein und denselben Magen gezwungen wurde, [wieder] von sich gegeben wird. Wir sind daher in einem Maße krank, wie wir uns auf neuartige Weise nähren.

(20) Jener bedeutendste aller Ärzte und Begründer dieser Wissenschaft behauptete, dass den Frauen weder die Haare ausgehen noch dass sie an den Füßen [von der Gicht] geplagt werden: und doch verlieren sie ihre Haare und haben schmerzende Füße. Die Natur der Frauen hat sich nicht gewandelt, sondern sie wurde bezwungen; denn als sie den Männern an Zügellosigkeit gleichgekommen sind, haben sie auch die Nachteile der männlichen Körper erfahren.

(21) Non minus pervigilant, non minus potant, et oleo et mero viros provocant; aeque invitis ingesta visceribus per os reddunt et vinum omne vomitu remetiuntur; aeque nivem rodunt, solacium stomachi aestuantis. Libidine vero ne maribus quidem cedunt: pati natae (di illas deaeque male perdant!) adeo perversum commentae genus inpudicitiae viros ineunt. Quid ergo mirandum est maximum medicorum ac naturae peritissimum in mendacio prendi, cum tot feminae podagricae calvaeque sint? Beneficium sexus sui vitiis perdiderunt et, quia feminam exuerant, damnatae sunt morbis virilibus.

(22) Antiqui medici nesciebant dare cibum saepius et vino fulcire venas cadentis, nesciebant sanguinem mittere et diutinam aegrotationem balneo sudoribusque laxare, nesciebant crurum vinculo brachiorumque latentem vim et in medio sedentem ad extrema revocare. Non erat necesse circumspicere multa auxiliorum genera, cum essent periculorum paucissima.

(21) Sie haben nicht weniger oft die Nacht durchgemacht, haben nicht weniger oft gezecht, haben die Männer sogar mit Öl und unvermischtem Wein herausgefordert; sie speien auf gleiche Weise durch den Mund aus, was sie ihrem unwilligen Inneren aufgedrängt hatten, und erbrechen den ganzen Wein wieder; ebenso lutschen sie Schnee zur Linderung bei Sodbrennen. In ihrem Trieb stehen sie tatsächlich nicht einmal den jungen Männern nach: erschaffen, um sich hinzugeben (die Götter und Göttinnen mögen sie übel zugrunde richten!), haben sie sich eine so sehr verdrehte Art von Schamlosigkeit ausgedacht, dass sie selbst an die Männer herantreten. Was ist es also verwunderlich, dass der bedeutendste Arzt und verständigste Kenner der Natur bei einer Lüge ertappt wird, da [doch] so viele Frauen schmerzende Füße haben und kahlköpfig sind? Aufgrund ihrer Verfehlungen haben sie das Privileg ihres Geschlechts eingebüßt und, weil sie sich der Weiblichkeit entledigt haben, sind sie zu männlichen Krankheiten verdammt.

(22) Die früheren Ärzte verstanden es nicht, häufiger Kost zu verabreichen und den fallenden Puls mit Wein zu stärken, verstanden es nicht, zur Ader zu lassen und fortwährendes Siechtum durch Baden und Ausschwitzen zu erleichtern, verstanden es nicht, durch Fesseln der Arme und Beine die verborgene und im Inneren feststeckende [schädliche] Kraft in die Extremitäten abzuführen. Es war nicht notwendig, sich nach vielen Arten von Hilfsmitteln umzuschauen, da es sehr wenige gefährliche Leiden gab.

(23) Nunc vero quam longe processerunt mala valetudinis! Has usuras voluptatium pendimus ultra modum fasque concupitarum. Innumerabiles esse morbos non miraberis: cocos numera. Cessat omne studium et liberalia professi sine ulla frequentia desertis angulis praesident; in rhetorum ac philosophorum scholis solitudo est: at quam celebres culinae sunt, quanta circa nepotum focos <se> iuventus premit!

(24) Transeo puerorum infelicium greges quos post transacta convivia aliae cubiculi contumeliae expectant; transeo agmina exoletorum per nationes coloresque discripta ut eadem omnibus levitas sit, eadem primae mensura lanuginis, eadem species capillorum, ne quis cui rectior est coma crispulis misceatur; transeo pistorum turbam, transeo ministratorum per quos signo dato ad inferendam cenam discurritur. Di boni, quantum hominum unus venter exercet!

(23) Heutzutage aber, wie weit sind die Gebrechen aufgrund von Krankheit [bereits] fortgeschritten! Wir zahlen die Zinsen der über jedes Maß und Gebot hinaus von uns begehrten Genüsse. Dass es unzählige Krankheiten gibt, wird dich nicht verwundern: zähle die Köche. Jede wissenschaftliche Beschäftigung bleibt aus und diejenigen, die sich offen zu den eines Freien würdigen Dingen bekennen, führen an einsamen Ecken ohne irgendeine größere Zuhörerschaft die Aufsicht – in den Schulen der Rhetoriker und Philosophen herrscht [indessen] Menschenleere: wie gut besucht sind dagegen die Küchen, wie zahlreich drängt sich die Jugend um die Herde der Genießer.

(24) Ich übergehe die Schar der unglücklichen Knaben, auf die nach dem Ende der Gelage im Schlafraum andere entehrende Handlungen warten, ich übergehe die Heerscharen der Lustknaben, geordnet nach Herkunft und Hautfarbe, so dass alle die gleiche glatte Haut, die gleiche Länge des ersten Flaums, den gleichen Haarschnitt haben, damit sich nicht einer ohne Locken mit den Kraushaarigen vermische; ich übergehe den Schwarm der Bäcker, übergehe den der Bediensteten, unter deren Anleitung auf ein bestimmtes Signal hin umhergeeilt wird, um das Essen aufzutragen. Gütige Götter, wie viele Menschen hält ein einziger Bauch in Bewegung.

(25) Quid? Tu illos boletos, voluptarium venenum, nihil occulti operis iudicas facere, etiam si praesentanei non fuerunt? Quid? Tu illam aestivam nivem non putas callum iocineribus obducere? Quid? Illa ostrea, inertissimam carnem caeno saginatam, nihil existimas limosae gravitatis inferre? Quid? Illud sociorum garum, pretiosam malorum piscium saniem, non credis urere salsa tabe praecordia? Quid? Illa purulenta et quae tantum non ex ipso igne in os transferuntur iudicas sine noxa in ipsis visceribus extingui? Quam foedi itaque pestilentesque ructus sunt, quantum fastidium sui exhalantibus crapulam veterem! Scias putrescere sumpta, non concoqui.

(26) Memini fuisse quondam in sermone nobilem patinam in quam quidquid apud lautos solet diem ducere properans in damnum suum popina congesserat: veneriae spondylique et ostrea eatenus circumcisa qua eduntur intervenientibus distinguebantur ~echini totam destructique~ sine ullis ossibus mulli constraverant.

(25) Was? Du meinst, dass jene essbaren Pilze, ein genussreiches Verderben, in keiner Weise eine verborgene Wirkung entfalten, wenn sie auch nicht sogleich gewirkt haben? Was? Du denkst nicht, dass jener Schnee im Sommer die Leber abstumpft? Was? Jene Austern, ein geschmackloses Fleisch mit Unrat gemästet, schätzt du so ein, dass sie, voll von Schleim, keineswegs einen krankhaften Zustand herbeiführen? Was? Jene Würzsoße von unseren Bundesgenossen [in Spanien], der wertvolle Saft aus verdorbenen Fischen, du glaubst nicht, dass sie, aufgrund der Fäulnis beißend schmeckend, die Eingeweide plagt? Was? Jene noch rohen Fleischstücke, die sogar fast direkt vom Feuer in den Mund geschoben werden, du bist der Meinung, dass sie ohne Schaden von selbst im Inneren erlöschen? Wie abstoßend und verpestet ist deshalb das Aufstoßen, wie groß der Ekel vor sich selbst, wenn man den vorherigen Rausch ausdünstet! Man sollte verstehen, dass das, was zu sich genommen wurde, in Fäulnis übergeht, nicht verdaut wird.

(26) Ich erinnere mich daran, dass einmal ein vorzügliches Pfannengericht im Gespräch war, bei dem ein Imbisstand alles, was bei feinen Leuten gewöhnlich den Tag in die Länge zieht, zum eigenen Schaden eilends zusammengehäuft hatte: Venus- und Stachelmuscheln sowie Austern, sofern sie fertig zum Verzehr ringsum geöffnet waren, wurden mit dazwischenliegenden Seeigeln ausgeschmückt, und gänzlich unschädlich gemachte Meerbarben, ohne jedwede Gräten, bildeten die obere Schicht.

(27) Piget esse iam singula: coguntur in unum sapores. In cena fit quod fieri debebat in ventre: expecto iam ut manducata ponantur. Quantulo autem hoc minus est, testas excerpere atque ossa et dentium opera cocum fungi? 'Gravest luxuriari per singula: omnia semel et in eundem saporem versa ponantur. Quare ego ad unam rem manum porrigam? Plura veniant simul, multorum ferculorum ornamenta coeant et cohaereant.

(28) Sciant protinus hi qui iactationem ex istis peti et gloriam aiebant non ostendi ista sed conscientiae dari. Pariter sint quae disponi solent, uno iure perfusa; nihil intersit; ostrea, echini, spondyli, mulli perturbati concoctique ponantur.' Non esset confusior vomentium cibus.

(29) Quomodo ista perplexa sunt, sic ex istis non singulares morbi nascuntur sed inexplicabiles, diversi, multiformes, adversus quos et medicina armare se coepit multis generibus, multis observationibus.

Idem tibi de philosophia dico. Fuit aliquando simplicior inter minora peccantis et levi quoque cura remediabiles: adversus tantam morum eversionem omnia conanda sunt. Et utinam sic denique lues ista vincatur!

(27) Einzelnes erregt bereits Unmut: man häuft die Leckerbissen zu einem einzigen [Gericht] auf. Bei Tisch geschieht, was im Magen geschehen sollte: ich warte schon darauf, dass Vorgekautes angerichtet wird. Aber, die Schalen und Gräten abzusondern und den Koch die Arbeit der Zähne verrichten zu lassen, liegt das nicht nahe beieinander? „Mühsam ist es, mit einzelnen [Leckerbissen] die Schranken der Mäßigung zu überschreiten: man sollte alles mit dem gleichen Geschmack versehen und dann erst servieren. Warum sollte ich für eine einzige [Speise] die Hand ausstrecken? Mehrere sollten sich zugleich einstellen, [und] die Vorzüge vieler Gänge sollten zusammentreffen und sich miteinander verbinden.

(28) Sogleich sollen diejenigen, die behaupten, dass mit diesen [Gerichten] um Beifall und Ehre nachgesucht wird, wissen, dass diese nicht den Blicken dargeboten, sondern dass innere Überzeugungen von sich gegeben werden. Ebenso sei das, was gewöhnlich getrennt angerichtet wird, mit einer einzigen Soße übergossen worden; es bestehe keinerlei Unterschied; Austern, Seeigel, Stachelmuscheln, Meerbarben sollten durcheinander gebracht und miteinander verkocht serviert werden." Erbrochenes wäre kein größeres Durcheinander.

(29) Auf gleiche Weise wie diese wirr durcheinander [vermengt] sind, so entstehen daraus nicht einzelne Krankheiten, sondern unzählige, im Widerspruch stehende, vielgestaltige, gegen die sich auch die Heilkunst mit zahlreichen Verfahrensweisen [und] mit vielen Regeln zu wappnen begann.

Dasselbe sage ich dir über die Philosophie. Einst war sie unkomplizierter, unter Menschen, die geringere Verfehlungen begingen und daher durch Behandlung auch leichter heilbar waren: gegen eine so große Umwälzung der Sitten muss [daher] alles versucht werden. Und wenn derart doch diese Seuche endlich überwunden werden könnte!

(30) Non privatim solum sed publice furimus. Homicidia conpescimus et singulas caedes: quid bella et occisarum gentium gloriosum scelus? Non avaritia, non crudelitas modum novit. Et ista quamdiu furtim et a singulis fiunt minus noxia minusque monstrosa sunt: ex senatus consultis plebisque scitis saeva exercentur et publice iubentur vetata privatim.

(31) Quae clam commissa capite luerent, tum quia paludati fecere laudamus. Non pudet homines, mitissimum genus, gaudere sanguine alterno et bella gerere gerendaque liberis tradere, cum inter se etiam mutis ac feris pax sit.

(32) Adversus tam potentem explicitumque late furorem operosior philosophia facta est et tantum sibi virium sumpsit quantum iis adversus quae parabatur accesserat. Expeditum erat obiurgare indulgentis mero et petentis delicatiorem cibum, non erat animus ad frugalitatem magna vi reducendus a qua paullum discesserat:

(30) Nicht nur im Privaten, sondern auch öffentlich lassen wir uns völlig gehen. Totschläge und einzelne Ermordungen unterbinden wir: [aber] was ist mit den Kriegen und dem ruhmvollen Verbrechen des Völkermords? Kein Maß kennt die Habgier, kein Maß die Grausamkeit. Und solange die ersteren heimlich und von Einzelnen begangen werden, sind sie weniger schädlich und weniger monströs: schreckliche Dinge werden aufgrund von Senatsbeschlüssen und Volksentscheiden verübt, und im Namen des Staates wird angeordnet, was privat verboten ist.

(31) Was sie, heimlich ausgeführt, mit dem Leben bezahlt hätten, heißen wir sodann gut, weil sie es im Feldherrenmantel begangen haben. Die Menschen, die sanfteste Gattung, beschämt es nicht, Vergnügen am gegenseitigen Blutvergießen zu empfinden, [und] Kriege zu führen und diejenigen, die man führen muss, den Kindern zu überlassen, während selbst die stummen und wilden Tiere miteinander in Frieden leben.

(32) Gegen so einen mächtigen und so weit verbreiteten Wahnsinn ist die Philosophie tätig geworden und sie hat um so viel an Kräften gewonnen, wie jene, gegen die sie Vorkehrungen traf, sich feindlich genähert hatten. Leicht war es diejenigen zurechtzuweisen, die sich dem Wein hingaben und nach feinerer Speise verlangten; es bedarf keiner großen Kraft einen Geist zur Genügsamkeit zurückzuführen, von der er sich nur wenig entfernt hatte:

(33) *nunc manibus rapidis opus est, nunc arte magistra.*

Voluptas ex omni quaeritur. Nullum intra se manet vitium: in avaritiam luxuria praeceps est. Honesti oblivio invasit; nihil turpe est cuius placet pretium. Homo, sacra res homini, iam per lusum ac iocum occiditur et quem erudiri ad inferenda accipiendaque vulnera nefas erat, is iam nudus inermisque producitur satisque spectaculi ex homine mors est.

(34) In hac ergo morum perversitate desideratur solito vehementius aliquid quod mala inveterata discutiat: decretis agendum est ut revellatur penitus falsorum recepta persuasio. His si adiunxerimus praecepta, consolationes, adhortationes, poterunt valere: per se inefficaces sunt.

(35) Si volumus habere obligatos et malis quibus iam tenentur avellere, discant quid malum, quid bonum sit, sciant omnia praeter virtutem mutare nomen, modo mala fieri, modo bona. Quemadmodum primum militiae vinculum est religio et signorum amor et deserendi nefas, tunc deinde facile cetera exiguntur mandanturque iusiurandum adactis, ita in iis quos velis ad beatam vitam perducere prima fundamenta iacienda sunt et insinuanda virtus. Huius quadam superstitione tenentur, hanc ament; cum hac vivere velint, sine hac nolint.

(33) *nun bedarf es schneller Hände, nun der Hilfe der Kunst.*

In allem wird der sinnliche Genuss gesucht. Kein Laster verbleibt in seinen Grenzen: die Genusssucht führt übergangslos in die Habsucht. Ein Vergessen der sittlich guten Dinge hat eingesetzt; nichts ist schändlich, bei dem der Preis gefällt. Der Mensch, etwas dem Menschen Heiliges, wird nun beim Spiel und zur Kurzweil getötet und derjenige, für den es als Frevel galt, zum Schlagen und im Aufsichnehmen von Verletzungen ausgebildet zu werden, wird sogar unbekleidet und ohne Waffen öffentlich vorgeführt, und [allein] der Tod durch Menschenhand ist [bereits] genügend für eine Aufführung in der Arena.

(34) Nach einer solchen Entartung der Sitten verlangt man üblicherweise entschiedener nach irgendetwas, das die altgewohnten Übel beseitigt: man muss gemäß den Lehrsätzen vorgehen, um eine tief verankerte allgemeine Überzeugung auszuradieren. Wenn wir diesen Vorschriften, Ermutigungen, [und] Ermahnungen hinzufügen, werden sie wirksam sein: für sich allein sind sie wirkungslos.

(35) Wenn wir diejenigen, die sich schuldig gemacht haben, an unserer Seite haben und von den Übeln fernhalten wollen, von denen sie schon beherrscht werden, sollten sie lernen, was ein Übel, was ein Gut ist, [und] verstehen, dass alles außer der Tugend den Namen ändert, dass es manchmal ein Übel, manchmal ein Gut wird. Wie die Bindung an den Kriegsdienst anfangs auf dem verbindlichen Eid beruht, [und] auf der Liebe zu den Bannern der Legionen und dem Frevel zu desertieren, darauf dann das Übrige aufgrund des erzwungenen Eides ohne Widerrede gefordert und befohlen wird, so müssen bei denen, die man zu einem glücklichen Leben führen will, zuerst die Grundlagen gelegt werden und die Tugendhaftigkeit eingeimpft werden. Sie sollten von ihr erfüllt werden in einer Art heiliger Scheu, sie lieben, mit ihr leben wollen, nicht ihr abgeneigt sein.

(36) 'Quid ergo? Non quidam sine institutione subtili evaserunt probi magnosque profectus adsecuti sunt dum nudis tantum praeceptis obsequuntur?' Fateor, sed felix illis ingenium fuit et salutaria in transitu rapuit. Nam ut dii immortales nullam didicere virtutem cum omni editi et pars naturae eorum est bonos esse, ita quidam ex hominibus egregiam sortiti indolem in ea quae tradi solent perveniunt sine longo magisterio et honesta conplexi sunt cum primum audiere; unde ista tam rapacia virtutis ingenia vel ex se fertilia. At illis aut hebetibus et obtusis aut mala consuetudine obsessis diu robigo animorum effricanda est.

(37) Ceterum, ut illos in bonum pronos citius educit ad summa, et hos inbecilliores adiuvabit malisque opinionibus extrahet qui illis philosophiae placita tradiderit; quae quam sint necessaria sic licet videas. Quaedam insident nobis quae nos ad alia pigros, ad alia temerarios faciunt; nec haec audacia reprimi potest nec illa inertia suscitari nisi causae eorum eximuntur, falsa admiratio et falsa formido. Haec nos quamdiu possident, dicas licet: 'Hoc patri praestare debes, hoc liberis, hoc amicis, hoc hospitibus'; temptantem avaritia retinebit. Sciet pro patria pugnandum esse, dissuadebit timor; sciet pro amicis desudandum esse ad extremum usque sudorem, sed deliciae vetabunt; sciet in uxore gravissimum esse genus Inluriae paelicem, sed illum libido in contraria inpinget.

(36) „Was jetzt? Sind nicht manche [auch] ohne gründliche Unterweisung rechtschaffene Menschen geworden und haben bedeutende Erfolge errungen, indem sie nur bloßen Befehlen gehorchten?" Das gebe ich zu, aber sie besaßen eine vom Glück begünstigte Veranlagung und haben die [ihnen] zuträglichen Dinge im Vorübergehen ergriffen. Denn wie die unsterblichen Götter keine vortreffliche Eigenschaft erlernt haben, weil mit ein jeder die Welt zu betreten und sittlich gut zu sein, ein Teil ihrer Natur ist, so haben einige ausgesuchte Menschen ohne langen Unterricht eine natürliche Begabung darin erlangt, was gewöhnlich gelehrt wird, und sie haben sittlich Gutes mit dem Geiste erfasst, sobald sie erstmals [davon] vernommen haben; daher diese der Tugend so fähigen oder aus sich selbst heraus reichen Begabungen. Bei jenen Stumpfsinnigen und Dummen aber oder jenen, die sich eine schlechte Angewohnheit angeeignet haben, muss der Rost des untätigen Geistes eine ganze Zeit lang abgeschliffen werden.

(37) Außerdem: wie einer, der jenen die Grundsätze der Philosophie lehrt, diejenigen, die einem Gut zugeneigt sind, schneller zum Gipfel emporführt, [so] wird er auch diese eher Kraftlosen ermutigen und von ihren verderblichen Ansichten befreien; wie sehr diese vonnöten sind, kann man auch aus Folgendem ersehen. Gewisse Dinge, die uns in manchem träge, in anderem leichtsinnig machen, prägen sich uns tief ein; weder kann diese Verwegenheit unterdrückt, noch jene Trägheit ermuntert werden, wenn man nicht deren Ursachen beseitigt: unbegründete Bewunderung und grundlose Angst. Solange uns diese in ihrem Besitz haben, ist es einem vergönnt zu sagen: „Dies muss man dem Vater erweisen, dies den Kindern, dies den Freunden, dies den Gästen." Den, der es versucht, wird die Habsucht zurückhalten. Man versteht, dass für das Vaterland gekämpft werden muss, die Furchtsamkeit wird [davon] abraten; man versteht, dass sich für die Freunde bis zum letzten Schweißtropfen abgemüht werden muss, aber Komfort und Luxus werden ihr Veto einlegen; man versteht, dass eine Gespielin die schwerste Art der Beleidigung für die Ehefrau bedeutet, aber der Lusttrieb wird einen zum Gegenteil treiben.

(38) Nihil ergo proderit dare praecepta nisi prius amoveris obstatura praeceptis, non magis quam proderit arma in conspectu posuisse propiusque admovisse nisi usurae manus expediuntur. Ut ad praecepta quae damus possit animus ire, solvendus est.

(39) Putemus aliquem facere quod oportet: non faciet adsidue, non faciet aequaliter; nesciet enim quare faciat. Aliqua vel casu vel exercitatione exibunt recta, sed non erit in manu regula ad quam exigantur, cui credat recta esse quae fecit. Non promittet se talem in perpetuum qui bonus casu est.

(40) Deinde praestabunt tibi fortasse praecepta ut quod oportet faciat, non praestabunt ut quemadmodum oportet [faciat]; si hoc non praestant, ad virtutem non perducunt. Faciet quod oportet monitus, concedo; sed id parum est, quoniam quidem non in facto laus est sed in eo quemadmodum fiat.

(41) Quid est cena sumptuosa flagitiosius et equestrem censum consumente? Quid tam dignum censoria nota, si quis, ut isti ganeones loquuntur, sibi hoc et genio suo praestet? Et deciens tamen sestertio aditiales cenae frugalissimis viris constiterunt. Eadem res, si gulae datur, turpis est, si honori, reprensionem effugit; non enim luxuria sed inpensa sollemnis est.

(38) Folglich wird es nichts nützen, Anweisungen zu geben, wenn man nicht vorher die Gebote beseitigt hat, die dem im Weg stehen werden, ebenso wenig wie es nützen wird, [jemandem] Waffen offen vor Augen gestellt und näher hingehalten zu haben, wenn die Hände nicht in Bereitschaft versetzt werden, um sie zu bedienen. Damit die Gedanken zu den von uns gebildeten Lehrsätzen gelangen können, müssen sie befreit werden.

(39) Stellen wir uns vor, das irgendjemand das tut, was notwendig ist: er wird es nicht unablässig tun, er wird es nicht gleichmäßig tun; er wird nämlich nicht wissen, warum er es tut. Entweder durch Zufall oder durch Übung werden dabei irgendwelche rechten Dinge herauskommen, es wird aber keine Regel zur Hand sein, anhand der man beurteilen könnte, wem er Glauben schenken kann, dass das, was er tut, sittlich gut ist. Einer, der aus Zufall tugendhaft ist, stellt nicht in Aussicht, dass er für immer so ist.

(40) Ferner werden dir die Anweisungen möglicherweise Gewähr dafür bieten, dass er tut, was er soll; sie werden keine Gewähr dafür bieten, dass er es tut, so wie er soll; wenn sie dies nicht gewährleisten, führen sie nicht zur sittlichen Vollkommenheit. Nachdem er dazu aufgefordert wurde, wird er tun, was er soll, das räume ich ein; aber das ist nicht genug, weil der Verdienst ja nicht auf der Tat beruht, sondern darauf wie sie erwirkt wird.

(41) Was ist schändlicher als ein kostspieliges Festessen, das sogar ein ritterliches Vermögen verschlingt? Was ist so sehr einer strengen Rüge wert, als wenn irgendeiner, wie diese Vielfraße es nennen, sich und seinem Schutzgeist ein solches auftischt? Und trotzdem haben die Festgelage zum Amtsantritt [selbst] den sparsamsten Männern eine Million Sesterzen gekostet. Für ein und dasselbe gilt: wenn es dem Gaumen gewidmet wird, ist es schändlich, wenn es dem Ansehen [gewidmet wird], entgeht es der Zurechtweisung; es gilt [dann] nämlich nicht als Verschwendungssucht, sondern als ein üblicher Aufwand.

(42) Mullum ingentis formae – quare autem non pondus adicio et aliquorum gulam inrito? Quattuor pondo et selibram fuisse aiebant – Tiberius Caesar missum sibi cum in macellum deferri et venire iussisset. 'Amici', inquit, 'omnia me fallunt nisi istum mullum aut Apicius emerit aut P. Octavius.' Ultra spem illi coniectura processit: liciti sunt, vicit Octavius et ingentem consecutus est inter suos gloriam, cum quinque sestertiis emisset piscem quem Caesar vendiderat, ne Apicius quidem emerat. Numerare tantum Octavio fuit turpe, non illi qui emerat ut Tiberio mitteret, quamquam illum quoque reprenderim: admiratus est rem qua putavit Caesarem dignum.

(43) Amico aliquis aegro adsidet: probamus. At hoc hereditatis causa facit: vultur est, cadaver expectat. Eadem aut turpia sunt aut honesta: refert quare aut quemadmodum fiant. Omnia autem honeste fient si honesto nos addixerimus idque unum in rebus humanis bonum iudicarimus quaeque ex eo sunt; cetera in diem bona sunt.

(44) Ergo infigi debet persuasio ad totam pertinens vitam: hoc est quod decretum voco. Qualis haec persuasio fuerit, talia erunt quae agentur, quae cogitabuntur; qualia autem haec fuerint, talis vita erit. In particulas suasisse totum ordinanti parum est.

(42) Nachdem Kaiser Tiberius eine Seebarbe ungeheuren Ausmaßes übersandt worden war – weshalb gebe ich nicht das Gewicht an und reize so die Gaumen mancher Leute? Man behauptete, dass sie ein Gewicht von viereinhalb Pfund hatte – befahl er, dass sie auf den Markt gebracht und verkauft wird, und sagte dabei: „Freunde, ich sollte mich sehr täuschen, wenn diese Seebarbe nicht entweder an Apicius oder P. Octavius verkauft würde." Über seine Erwartung hinaus ist seine Vermutung eingetroffen: sie haben [beide] geboten: es siegte Octavius und er erlangte außerordentlichen Ruhm unter den Seinen, weil er für fünftausend Sesterzen einen Fisch gekauft hatte, den ein Kaiser versteigert, den nicht einmal Aspicius für sich gewonnen hatte. [Dafür] zu zahlen, war nur für Octavius schändlich, nicht für denjenigen, der ihn gekauft hatte, um ihn Tiberius zu widmen, obschon ich auch ihn tadeln würde: er hat etwas bewundert, von dem er glaubte, dass es [nur] ein Kaiser verdient.

(43) Jemand setzt sich zu seinem kranken Freund – das heißen wir gut. Er tut dieses aber aufgrund einer Erbschaft: er ist ein Geier, er hofft auf den Kadaver. Dieselben Dinge sind entweder schändlich oder ehrenwert: es kommt darauf an, warum oder wenigstens auf welche Weise sie zuwege gebracht werden. Alles jedoch wird ehrenwert geschehen, wenn wir uns der Sittlichkeit zuwenden und in den menschlichen Angelegenheiten einzig das für ein Gut erklären, was auf ihr beruht; alle übrigen sind vorübergehende Güter.

(44) Folglich muss sich eine Überzeugung beigebracht werden, die auf das ganze Leben abzielt: das ist, was ich einen Grundsatz nenne. Wie diese Überzeugung beschaffen ist, so wird [auch] die Art sein, wie wir handeln, wie wir denken werden; wie solcherlei beschaffen ist, so wird [auch] das Leben sein. In Teilbereichen überzeugt zu haben, reicht demjenigen, der eine Ordnung für das Ganze aufstellt, nicht aus.

(45) M. Brutus in eo libro quem peri kathekontos inscripsit dat multa praecepta et parentibus et liberis et fratribus: haec nemo faciet quemadmodum debet nisi habuerit quo referat. Proponamus oportet finem summi boni ad quem nitamur, ad quem omne factum nostrum dictumque respiciat; veluti navigantibus ad aliquod sidus derigendus est cursus.

(46) Vita sine proposito vaga est; quod si utique proponendum est, incipiunt necessaria esse decreta. Illud, ut puto, concedes, nihil esse turpius dubio et incerto ac timide pedem referente. Hoc in omnibus rebus accidet nobis nisi eximuntur quae reprendunt animos et detinent et ire conarique totos vetant.

(47) Quomodo sint dii colendi solet praecipi. Accendere aliquem lucernas sabbatis prohibeamus, quoniam nec lumine dii egent et ne homines quidem delectantur fuligine. Vetemus salutationibus matutinis fungi et foribus adsidere templorum: humana ambitio istis officiis capitur, deum colit qui novit. Vetemus lintea et strigiles Iovi ferre et speculum tenere Iunoni: non quaerit ministros deus. Quidni? Ipse humano generi ministrat, ubique et omnibus praesto est.

(45) M. Brutus erteilt in der Schrift, die mit dem Titel περὶ καθήκοντος versehen ist, zahlreiche Anweisungen sowohl an Eltern als auch an Kinder und Brüder: niemand wird diese ausführen, wie er es soll, wenn er nicht etwas in sich trägt, wonach er sie beurteilen kann. Wir müssen uns das Ziel des höchsten Gutes vor Augen halten, zu dem wir streben, das wir bei all unseren Taten und Worten berücksichtigen sollten; gleichsam wie der Kurs derer, die zur See fahren, mit Hilfe irgendeines Sternes bestimmt werden muss.

(46) Ohne Ziel ist ein Leben unstet; wenn man es daher unbedingt angehen muss, werden Anweisungen unvermeidlich sein. Ich denke, du wirst zugeben, dass nichts schändlicher ist, als einer, der seinen Fuß unschlüssig, [und] unsicher und ängstlich zurückzieht. Das wird uns bei allen Gelegenheiten passieren, wenn nicht entfernt wird, was den Geist aufhält und fesselt und zudem verhindert, dass er losrückt und sich mit aller Kraft anstrengt.

(47) Wie man die Götter verehren muss, wird gewöhnlich vorgeschrieben. Lasst uns verbieten, dass irgendjemand am Sabbat Lampen anzündet, da doch die Götter kein Licht benötigen und sich auch die Menschen nicht am Ruß erfreuen. Lasst uns verbieten, den morgendlichen Aufwartungen nachzukommen und sich vor den Toren der Tempel niederzusetzen: durch solche Dienste wird die menschliche Ehrsucht verlockt; einen Gott verehrt, wer ihn erkannt hat. Lasst uns verbieten, Jupiter Leinentücher und Schabeisen darzubringen und Juno den Spiegel zu halten: ein Gott sehnt sich nicht nach Untergebenen. Warum nicht? Er selbst wartet der Menschheit auf, überall und für alle ist er da.

(48) Audiat licet quem modum servare in sacrificiis debeat, quam procul resilire a molestis superstitionibus, numquam satis profectum erit nisi qualem debet deum mente conceperit, omnia habentem, omnia tribuentem, beneficum gratis.

(49) Quae causa est dis bene faciendi? Natura. Errat si quis illos putat nocere nolle: non possunt. Nec accipere iniuriam queunt nec facere; laedere etenim laedique coniunctum est. Summa illa ac pulcherrima omnium natura quos periculo exemit ne periculosos quidem fecit.

(50) Primus est deorum cultus deos credere; deinde reddere illis maiestatem suam, reddere bonitatem sine qua nulla maiestas est; scire illos esse qui praesident mundo, qui universa vi sua temperant, qui humani generis tutelam gerunt interdum curiosi singulorum. Hi nec dant malum nec habent; ceterum castigant quosdam et coercent et inrogant poenas et aliquando specie boni puniunt. Vis deos propitiare? Bonus esto. Satis illos coluit quisquis imitatus est.

(48) Mag einer auch vernehmen, welche Regel er bei den Opferhandlungen einhalten, wie weit er sich vom peinlichen Aberglauben zurückziehen sollte, einen hinlänglichen Fortschritt wird es nur geben, wenn er durch Nachdenken begriffen hat, welcherlei er einer Gottheit schuldet, die alles besitzt, die alles gewährt, die aus Gnade wohltätig ist.

(49) Welchen Grund gibt es für die Götter, gnädig zu handeln? Ihre Natur. Es ist ein Irrtum, wenn irgendeiner glaubt, dass jene nicht schaden wollen: sie sind dazu nicht imstande. Sie können ein Unrecht weder erleiden noch begehen; denn zu verletzen und verletzt zu werden, hängt miteinander zusammen. Die Natur, dieses Höchste und Schönste aller Dinge, hat diejenigen, die sie der Gefahr entrückt hat, selbst nicht gefährlich gemacht.

(50) Die Verehrung der Götter besteht zuerst darin, an die Götter zu glauben; hierauf ihnen ihre Größe zuzugestehen, ihnen Güte zuzugestehen, ohne die es keine Größe gibt; zu erkennen, dass sie es sind, die die Welt behüten, die das Universum dank ihrer Macht gehörig einrichten, die die Vormundschaft über das Menschengeschlecht führen, bisweilen besorgt über Einzelne. Sie bringen weder ein Übel hervor, noch tragen sie es in sich; aber sie weisen manche zurecht, [und] halten sie in Schranken, [und] erlegen ihnen Mühen auf und in Gestalt eines Gutes bestrafen sie zuweilen. Willst du dir die Götter geneigt machen? Sei ein guter Mensch. Genügend ehrt sie ein jeder, der ihnen nacheifert.

(51) Ecce altera quaestio, quomodo hominibus sit utendum. Quid agimus? Quae damus praecepta? Ut parcamus sanguini humano? Quantulum est ei non nocere cui debeas prodesse! Magna scilicet laus est si homo mansuetus homini est. Praecipiemus ut naufrago manum porrigat, erranti viam monstret, cum esuriente panem suum dividat? Quare omnia quae praestanda ac vitanda sunt dicam? Cum possim breviter hanc illi formulam humani offici tradere:

(52) omne hoc quod vides, quo divina atque humana conclusa sunt, unum est; membra sumus corporis magni. Natura nos cognatos edidit, cum ex isdem et in eadem gigneret; haec nobis amorem indidit mutuum et sociabiles fecit. Illa aequum iustumque composuit; ex illius constitutione miserius est nocere quam laedi; ex illius imperio paratae sint iuvandis manus.

(53) Ille versus et in pectore et in ore sit:

Homo sum, humani nihil a me alienum puto.

Habeamus in commune: in commune nati sumus. Societas nostra lapidum fornicationi simillima est, quae, casura nisi in vicem obstarent, hoc ipso sustinetur.

(51) Da bleibt die andere Frage, wie mit den Menschen umgegangen werden muss. Warum handeln wir? Welche Vorschriften geben wir? Wie können wir uns des menschlichen Blutvergießens enthalten? Wie wenig ist es, demjenigen nicht zu schaden, dem man helfen sollte? Selbstverständlich, es ist ein großer Verdienst, wenn ein Mensch freundlich zu einem [anderen] Menschen ist. Werden wir ihm vorschreiben, dass er dem Schiffbrüchigen die Hand reicht, dass er dem Verirrten den Weg weist, dass er sein Brot mit dem Hungernden teilt? Warum sollte ich alles benennen, was getan und was vermieden werden muss, wenn ich es kürzer mit folgender Bestimmung der menschlichen Pflicht lehren kann:

(52) alles das, was du siehst, in dem Göttliches und Menschliches einschlossen ist, ist ein Einziges; wir sind die Glieder eines großen Körpers. Die Natur hat uns als Blutsverwandte in die Welt gesetzt, weil sie uns aus demselben und für dasselbe hervorgebracht hat, sie hat uns gegenseitige Liebe eingeflößt und uns gesellig gemacht. Sie hat Recht und Billigkeit ersonnen; ihrer Bestimmung zufolge ist es erbärmlicher zu schaden, als geschädigt zu werden; auf ihren Befehl hin sollten die Hände bereit sein zu helfen.

(53) Dieser Vers möge sich sowohl im Herzen als auch in der Rede finden:

„Ich bin ein Mensch, nichts Menschliches erachte ist als fremd für mich."

Besitz sollten wir zum Allgemeinwohl erlangen: wir sind für die Gemeinschaft geboren worden. Unsere Gesellschaft ähnelt sehr einem Gewölbe aus Steinen, das durch sich selbst getragen wird – [die Steine] würden zu Boden fallen, wenn sie sich nicht wechselseitig stützten.

(54) Post deos hominesque dispiciamus quomodo rebus sit utendum. In supervacuum praecepta iactabimus nisi illud praecesserit, qualem de quacumque re habere debeamus opinionem, de paupertate, de divitiis, de gloria, de ignominia, de patria, de exilio. Aestimemus singula fama remota et quaeramus quid sint, non quid vocentur.

(55) Ad virtutes transeamus. Praecipiet aliquis ut prudentiam magni aestimemus, ut fortitudinem conplectamur, iustitiam, si fieri potest, propius etiam quam ceteras nobis adplicemus; sed nil aget si ignoramus quid sit virtus, una sit an plures, separatae an innexae, an qui unam habet et ceteras habeat, quo inter se differant.

(56) Non est necesse fabro de fabrica quaerere quod eius initium, quis usus sit, non magis quam pantomimo de arte saltandi: omnes istae artes se sciunt, nihil deest; non enim ad totam pertinent vitam. Virtus et aliorum scientia est et sui; discendum de ipsa est ut ipsa discatur.

(54) Nach den Göttern und den Menschen sollten wir herausfinden, wie mit den Dingen umgegangen werden muss. Vergebens werden wir Anweisungen allgemein verbreiten, wenn dem nicht vorausgegangen ist, was für eine Meinung wir über jedwede Sache haben sollten: über die Armut, über den Reichtum, über den Ruhm, über die Schande, über das Vaterland, über die Verbannung. Frei vom Urteil der Menge sollten wir sie im Einzelnen beurteilen und zu ergründen suchen, was sie sind, nicht wie sie benannt werden.

(55) Kommen wir nun zu den Tugenden. Irgendeiner wird uns vorschreiben, dass wir die Klugheit hochschätzen, dass wir Tapferkeit erlangen, [und], falls möglich, uns noch näher an die Gerechtigkeit anlehnen sollten als an andere [Werte]; er wird aber nichts bewirken, wenn wir nicht wissen, was die Tugend genau ist, ob es eine einzige oder mehrere gibt, ob sie getrennt oder verknüpft sind, ob derjenige, der eine besitzt, möglicherweise auch die übrigen besitzt, [und] wodurch sie sich voneinander unterscheiden.

(56) Für den Handwerker ist es nicht notwendig, eine Untersuchung über sein Handwerk anzustellen, worin sein Ursprung bestehen, was sein Nutzen sein könnte, ebenso wenig wie der Pantomime über die Technik des Tanzens: All diese Künste verstehen sich von selbst, es fehlt nichts; sie betreffen nämlich nicht das ganze Leben. Die Tugend beruht sowohl auf der Kenntnis anderer Dinge als auch auf der ihrer selbst; es muss gleichfalls über sie gelernt werden, damit sie selbst erlernt wird.

(57) Actio recta non erit nisi recta fuerit voluntas; ab hac enim est actio. Rursus voluntas non erit recta nisi habitus animi rectus fuerit; ab hoc enim est voluntas. Habitus porro animi non erit in optimo nisi totius vitae leges perceperit et quid de quoque iudicandum sit exegerit, nisi res ad verum redegerit. Non contingit tranquillitas nisi inmutabile certumque iudicium adeptis: ceteri decidunt subinde et reponuntur et inter missa adpetitaque alternis fluctuantur.

(58) Causa his quae iactationis est? Quod nihil liquet incertissimo regimine utentibus, fama. Si vis eadem semper velle, vera oportet velis. Ad verum sine decretis non pervenitur: continent vitam. Bona et mala, honesta et turpia, iusta et iniusta, pia et impia, virtutes ususque virtutum, rerum commodarum possessio, existimatio ac dignitas, valetudo, vires, forma, sagacitas sensuum – haec omnia aestimatorem desiderant. Scire liceat quanti quidque in censum deferendum sit.

(59) Falleris enim et pluris quaedam quam sunt putas, adeoque falleris ut quae maxima inter nos habentur – divitiae, gratia, potentia – sestertio nummo aestimanda sınt. Hoc nescies nisi constitutionem ipsam qua ista inter se aestimantur inspexeris. Quemadmodum folia per se virere non possunt, ramum desiderant cui inhaereant, ex quo trahant sucum, sic ista praecepta, si sola sunt, marcent; infigi volunt sectae.

(57) Eine Handlung wird nur tugendhaft sein, wenn sie auf einem sittlich guten Willen beruht; denn aus ihm geht sie hervor. Andererseits wird der Wille nicht sittlich gut sein, wenn er nicht auf einer tugendhaften Geisteshaltung beruht, denn aus ihr geht der Wille hervor. Um die Geisteshaltung wird es aber nur zum Besten stehen, wenn [einer] die Regeln des Lebens insgesamt klar erfasst und bestimmt, wie jede einzelne Sache beurteilt werden sollte, wenn er die Dinge auf ihren wahren Kern reduziert. Es stellt sich kein Seelenfrieden ein, wenn er nicht ein unwandelbares und sicheres Urteil erlangt hat: andere kommen von Zeit zu Zeit zu Fall, [und] werden wieder aufgesetzt und schwanken abwechselnd zwischen Aufgegebenem und Begehrtem umher.

(58) Was ist der Grund für ihren Wankelmut? Die Tatsache, dass für diejenigen, die sich an einer unzuverlässigen Führung erfreuen – dem Gerede der Leute – nichts einleuchtend ist. Wenn du immer dasselbe zu wollen wünschst, musst du das Wahre wollen. Ohne Grundsätze gelangt man nicht zum Wahren: sie umfassen das Leben. Gutes und Schlechtes, Sittliches und Schändliches, Gerechtes und Ungerechtes, Pflichtbewusstes und Gewissenloses, Tugenden und die Notwendigkeit der Tugenden, der Besitz angemessener Vermögen, Ansehen und Würde, Gesundheit, Körperkräfte, Aussehen, scharfe Sinne: all das verlangt einen Beurteiler. Es muss möglich sein zu wissen, wie hoch ein jedes [davon] einzuschätzen ist.

(59) Du täuscht dich nämlich und hältst manches für mehr wert, als es ist, und machst ja sogar vergessen, dass diejenigen Dinge, die unter uns als außerordentlich bedeutend gelten – Reichtum, Einfluss, Macht – keinen Pfennig wert sind. Du wirst das nur erkennen, wenn du die Rangordnung selbst untersuchst, wonach sie untereinander bewertet werden. Wie Blätter nicht von selbst grünen können (sie verlangen nach einem Zweig, an dem sie hängen, aus dem sie Saft ziehen können), so sind auch diese Anweisungen kraftlos, wenn sie alleine stehen; sie ziehen es vor, sich an eine philosophische Lehre anzuheften.

(60) Praeterea non intellegunt hi qui decreta tollunt eo ipso confirmari illa quo tolluntur. Quid enim dicunt? Praeceptis vitam satis explicari, supervacua esse decreta sapientiae [id est dogmata]. Atqui hoc ipsum quod dicunt decretum est tam mehercules quam si nunc ego dicerem recedendum a praeceptis velut supervacuis, utendum esse decretis, in haec sola studium conferendum; hoc ipso quo negarem curanda esse praecepta praeciperem.

(61) Quaedam admonitionem in philosophia desiderant, quaedam probationem et quidem multam, quia involuta sunt vixque summa diligentia ac summa subtilitate aperiuntur. Si probationes <necessariae sunt>, necessaria sunt et decreta quae veritatem argumentis colligunt. Quaedam aperta sunt, quaedam obscura: aperta quae sensu conprehenduntur, quae memoria; obscura quae extra haec sunt. Ratio autem non impletur manifestis: maior eius pars pulchriorque in occultis est. Occulta probationem exigunt, probatio non sine decretis est; necessaria ergo decreta sunt.

(62) Quae res communem sensum facit, eadem perfectum, certa rerum persuasio; sine qua si omnia in animo natant, necessaria sunt decreta quae dant animis inflexibile iudicium.

(60) Außerdem begreifen diejenigen, die die philosophischen Grundsätze abschaffen, nicht, dass man gerade jene, die abgeschafft werden, dadurch festigt. Was nämlich behaupten sie? Dass das Leben durch Anweisungen hinreichend erklärt wird, dass die Grundsätze für die Weisheit überflüssig sind. Aber gerade das, was sie sagen, ist doch, bei Herkules, ebenso ein Grundsatz, wie wenn ich jetzt sagen würde, man soll von Weisungen als etwas Überflüssiges absehen, soll sich der Grundsätze bedienen, soll sein Studium allein darauf richten; eben dadurch, dass ich bestreite, dass man den Vorschriften nachkommen soll, würde ich welche erteilen.

(61) Manches in der Philosophie verlangt nach Belehrung, manches einen Beweis, und zwar einen starken, weil es unklar ist und sich nur bei höchster Sorgfalt und höchster Genauigkeit enthüllt. Wenn Beweise erforderlich sind, sind es auch die Grundsätze, welche die Wahrheit aus den Beweisen herleiten. Manche sind offensichtlich, manche unverständlich: Offensichtliches ist das, was mit dem Sinne, was durch das Gedächtnis wahrgenommen wird; Unverständliches das, was sich außerhalb davon befindet. Die Vernunft aber wird durch Augenscheinliches nicht befriedigt: ihre bedeutendere und vortrefflichere Seite liegt im Verborgenen. Verborgenes verlangt nach einem Beweis, ohne Grundsätze gibt es keinen Beweis; also sind Grundsätze unentbehrlich.

(62) Das, was einen verständigen Verstand hervorbringt, bringt ebenso einen vollkommenen hervor: eine feste Meinung über die Wirklichkeit; wenn ohne sie alles im Geiste ungewiss ist, sind Lehrsätze erforderlich, die dem Geist ein unbeugsames Urteilsvermögen verleihen.

(63) Denique cum monemus aliquem ut amicum eodem habeat loco quo se, ut ex inimico cogitet fieri posse amicum, in illo amorem incitet, in hoc odium moderetur, adicimus: 'Iustum est, honestum.' Iustum autem honestumque decretorum nostrorum continet ratio; ergo haec necessaria est, sine qua nec illa sunt.

(64) Sed utrumque iungamus; namque et sine radice inutiles rami sunt et ipsae radices iis quae genuere adiuvantur. Quantum utilitatis manus habeant nescire nulli licet, aperte iuvant: cor illud, quo manus vivunt, ex quo impetum sumunt, quo moventur, latet. Idem dicere de praeceptis possum: aperta sunt, decreta vero sapientiae in abdito. Sicut sanctiora sacrorum tantum initiati sciunt, ita in philosophia arcana illa admissis receptisque in sacra ostenduntur; at praecepta et alia eiusmodi profanis quoque nota sunt.

(65) Posidonius non tantum praeceptionem (nihil enim nos hoc verbo uti prohibet) sed etiam suasionem et consolationem et exhortationem necessariam iudicat; his adicit causarum inquisitionem, aetiologian quam quare nos dicere non audeamus, cum grammatici, custodes Latini sermonis, suo iure ita appellent, non video. Ait utilem futuram et descriptionem cuiusque virtutis; hanc Posidonius 'ethologian' vocat, quidam 'characterismon' appellant, signa cuiusque virtutis ac vitii et notas reddentem, quibus inter se similia discriminentur.

(63) Wenn wir schließlich jemanden ermahnen, damit er einen Freund als vom selben Rang betrachtet wie sich selbst, damit er erwägt, dass aus einem Feind ein Freund gemacht werden kann, er bei ersterem Liebe erweckt, bei letzterem seiner Abneigung Herr wird, fügen wir hinzu: „Das ist recht [und] tugendhaft." Das philosophische System unserer Lehrsätze aber enthält in sich das Rechte und das Tugendhafte; also ist dieses unumgänglich, ohne welche es jene nicht gibt.

(64) Aber wir sollten beide Dinge verbinden; denn ohne Wurzel sind auch Zweige nutzlos, und durch das, was sie hervorgebracht haben, werden die Wurzeln ihrerseits begünstigt. Jedem ist es möglich zu erkennen, welch großen Vorteil die Hände besitzen, sie sind offenkundig nützlich: jener Verstand, durch den die Hände leben, aus dem sie ihren Antrieb gewinnen, durch den sie bewegt werden, ist verborgen. Dasselbe kann ich über die Weisungen sagen: sie sind klar verständlich, die Grundsätze der Weisheit jedoch sind im Verborgenen gelegen. Wie nur die Eingeweihten die heiligeren [Aspekte] der Götterkulte kennen, so werden in der Philosophie die Geheimnisse jenen offenbart, die in ihr Heiligtum eingelassen und aufgenommen worden sind; dagegen sind Anweisungen und anderes dieser Art auch den Nichteingeweihten bekannt.

(65) Poseidonios erklärt nicht nur die Weisung (denn nichts hindert uns daran, diesen Ausdruck zu gebrauchen), sondern auch das Ratgeben, [und] den Trost, und die Ermahnung für notwendig; diesen fügt er die Erforschung von Ursachen hinzu – ich begreife nicht, warum wir es nicht wagen dürfen, diese als Ätiologie zu bezeichnen, wenn die Grammatiker, Wächter der lateinischen Sprache, sie mit vollem Recht so benennen. Nützlich, sagt er, würde auch die Beschreibung jeder einzelnen Tugend sein; Poseidonios bezeichnet diese als „ethologia", einige nennen sie „charakterismos", welche die Kennzeichen und Merkmale jeder Tugend und auch jeder schlechten Eigenschaft wiedergibt, wodurch ähnliche [Eigenschaften] voneinander unterschieden werden können.

(66) Haec res eandem vim habet quam praecipere; nam qui praecipit dicit: 'Illa facies si voles temperans esse', qui describit ait: 'Temperans est qui illa facit, qui illis abstinet.' Quaeris quid intersit? Alter praecepta virtutis dat, alter exemplar. Descriptiones has et, ut publicanorum utar verbo, iconismos ex usu esse confiteor: proponamus laudanda, invenietur imitator.

(67) Putas utile dari tibi argumenta per quae intellegas nobilem equum, ne fallaris empturus, ne operam perdas in ignavo? Quanto hoc utilius est excellentis animi notas nosse, quas ex alio in se transferre permittitur.

(68) *Continuo pecoris generosi pullus in arvis*
altius ingreditur et mollia crura reponit;
primus et ire viam et fluvios temptare minantis
audet et ignoto sese committere ponti,
nec vanos horret strepitus. Illi ardua cervix
argutumque caput, brevis alvus obesaque terga,
luxuriatque toris animosum pectus ...

... lum, si qua sonum procul arma dederunt,
stare loco nescit, micat auribus et tremit artus,
conlectumque premens volvit sub naribus ignem.

(66) Dieses hat die gleiche Wirksamkeit wie Anweisungen zu geben; denn einer, der anweist, sagt: „Dies muss du tun, wenn du maßvoll sein willst", [und] derjenige, der beschreibt, sagt: „Maßvoll ist, wer jenes tut, wer sich von jenem fernhält." Du fragst, worin der Unterschied liegt? Der eine gibt Anweisungen für einen tugendhaften Wandel, der andere ein Musterbeispiel. Dass diese Beschreibungen und, um den Ausdruck der Steuerpächter zu verwenden, Ikonismen von Nutzen sind, gestehe ich zu: lasst uns öffentlich machen, was gelobt werden muss – ein Nachahmer wird sich finden.

(67) Siehst du es als vorteilhaft an, dir die Kennzeichen an die Hand geben zu lassen, an denen du ein edles Pferd erkennen kannst, damit du bei einem anstehenden Kauf nicht getäuscht wirst, damit du keine Zeit mit einem faulen [Gaul] vergeudest? Um wie viel nützlicher ist es, die vortrefflichen Merkmale des Geistes zu kennen, die man von einem anderen auf sich übertragen darf.

(68) *Stolzer schreitet das Junge des edlen Tieres sogleich auf der Weide einher und setzt die geschmeidigen Schenkel auf;*
sowohl den Weg voranzuschreiten, als auch drohende Ströme zu versuchen und sich der unbekannten Brücke anzuvertrauen,
wagt er als erster, und er scheut auch nicht vor nichtigem Gelärme. Hochragend sein Hals und ausdrucksvoll das Haupt, flach der Bauch und wohlgenährt der Leib, von Muskeln strotzend die stolze Brust …

… dann, wenn aus der Ferne die Waffen ihren Lärm erschallen lassen, kann es kaum mehr still auf der Stelle stehen, zuckt mit den Ohren und erzittert in den Gliedern, [und] unter den Nüstern stürzt hervor das zurückgehaltene und unterdrückte Feuer.

(69) Dum aliud agit, Vergilius noster descripsit virum fortem: ego certe non aliam imaginem magno viro dederim. Si mihi M. Cato exprimendus <sit> inter fragores bellorum civilium inpavidus et primus incessens admotos iam exercitus Alpibus civilique se bello ferens obvium, non alium illi adsignaverim vultum, non alium habitum.

(70) Altius certe nemo ingredi potuit quam qui simul contra Caesarem Pompeiumque se sustulit et aliis Caesareanas opes, aliis Pompeianas [tibi] foventibus utrumque provocavit ostenditque aliquas esse et rei publicae partes. Nam parum est in Catone dicere: 'Nec vanos horret strepitus.' Quidni? Cum veros vicinosque non horreat, cum contra decem legiones et Gallica auxilia et mixta barbarica arma civilibus vocem liberam mittat et rem publicam hortetur ne pro libertate decidat, sed omnia experiatur, honestius in servitutem casura quam itura.

(71) Quantum in illo vigoris ac spiritus, quantum in publica trepidatione fiducia est! Scit se unum esse de cuius statu non agatur; non enim quaeri an liber Cato, sed an inter liberos sit: inde periculorum gladiorumque contemptus. Libet admirantem invictam constantiam viri inter publicas ruinas non labantis dicere: 'Luxuriatque toris animosum pectus.'

(69) Während er [ganz] anderes ausführte, hat unser Vergil einen tapferen Mann beschrieben: ich wenigstens würde kein anderes Gleichnis von einem tapferen Mann abgeben. Wenn ich einen M. Cato anschaulich beschreiben müsste, der inmitten des Getöses des Bürgerkriegs furchtlos und zuvorderst auf die schon zu den Alpen herangerückten Heere losgeht und sich dem Krieg entgegenstürzt, ich würde ihm keine andere Miene, keine andere Haltung geben.

(70) Bestimmt konnte niemand stolzer einherschreiten als derjenige, der sich gegen Caesar und Pompeius [zugleich] erhoben hat und während die einen die Bemühungen Caesars, die anderen die des Pompeius förderten, hat er beide herausgefordert und gezeigt, dass im Staat [noch] andere Parteien existieren. Denn es genügt nicht, über Cato zu sagen: „Vor nichtigem Getöse schreckt er nicht zurück." Warum nicht? Weil er vor echtem und nahen [Getöse] nicht zurückschreckt, weil er gegen 10 Legionen und die gallischen Hilfstruppen und die mit römischen Bürgern vermengte Heeresmacht der Barbaren seine freie Stimme erhebt und die Republik auffordert, dass sie um der Freiheit Willen kein Abkommen trifft, sondern alles wagt, weil es ehrenhafter ist, in Knechtschaft zu geraten als [freiwillig] zu gehen.

(71) Welch Frische und Begeisterung in ihm steckt, welch Zuversicht trotz des allgemeinen Wirrwarrs! Er weiß, dass er der einzige ist, über dessen Lage nicht entschieden wird, denn es stellte sich nicht die Frage, ob Cato als freier [Mann], sondern ob er unter Freien lebe: daher sein gleichgültiges Hinwegsetzen über die Gefahren und die Schwerter. Wer die unerschütterliche Standhaftigkeit eines Mannes bewundert, der inmitten des allgemeinen Untergangs nicht wankt, mag sagen: „von Muskeln strotzend die stolze Brust."

(72) Proderit non tantum quales esse soleant boni viri dicere formamque eorum et liniamenta deducere sed quales fuerint narrare et exponere, Catonis illud ultimum ac fortissimum vulnus per quod libertas emisit animam, Laeli sapientiam et cum suo Scipione concordiam, alterius Catonis domi forisque egregia facta, Tuberonis ligneos lectos, cum in publicum sterneret, haedinasque pro stragulis pelles et ante ipsius Iovis cellam adposita conviviis vasa fictilia. Quid aliud paupertatem in Capitolio consecrare? Ut nullum aliud factum eius habeam quo illum Catonibus inseram, hoc parum credimus? Censura fuit illa, non cena.

(73) O quam ignorant homines cupidi gloriae quid illa sit aut quemadmodum petenda! Illo die populus Romanus multorum supellectilem spectavit, unius miratus est. Omnium illorum aurum argentumque fractum est et [in] milliens conflatum, at omnibus saeculis Tuberonis fictilia durabunt. Vale.

(72) Es wird nichts nützen, nur lobend zu erzählen, von welcher Art berühmte Männer oft sind und deren Charakter und Gesichtszüge kunstvoll auszuarbeiten, sondern zu berichten und darzulegen, wie sie gelebt haben, über jene letzte und tapferste Verwundung Catos, mit der die Freiheit ihren Geist aushauchte, die Weisheit des Laelius und dessen Eintracht mit seinem Scipio, die außergewöhnlichen Taten des anderen Catos daheim und auswärts, die hölzernen Liegen des Tubero, obschon in der Öffentlichkeit gepolstert, [und] die Felle von jungen Ziegenböcken anstatt von Decken und die am Tempel, selbst des Jupiter, für Festmähler vorgesetzten irdenen Gefäße. Was anderes ist das, als der Armut auf dem Capitol die göttliche Weihe zu geben? Gesetzt, dass ich keine andere Tat von ihm kennen würde, für die ich ihn unter die Catonen aufnehmen könnte – hielten wir Geringeres von ihr? Es war dies eine Kritik, kein Gastmahl.

(73) Ach, wie wenig die nach Ruhm gierenden Menschen darüber wissen, worauf dieser [eigentlich] beruht oder auf welche Weise man ihn anstreben muss! An jenem Tag haben die Römer den Hausrat vieler betrachtet, einen einzigen angestaunt. Das Gold und Silber all jener ist zerbrochen und tausendfach eingeschmolzen, doch die irdenen Gefäße des Tubero werden alle Zeitalter überdauern. Lebe wohl.

———